LES TROUBLES SCOLAIRES

Alfred TOMATIS
avec la collaboration de
Loïc SELLIN

LES TROUBLES SCOLAIRES

ERGO PRESS

ISBN 2-86957-011-2

INTRODUCTION

ÉCHEC À L'ÉCHEC SCOLAIRE

Enseignement rime avec Réforme. L'échec scolaire ramène pourtant tous ces beaux projets à leur triste réalité. Sur une classe de cours élémentaire composée de trente élèves, dix enfants suivent correctement. Dix autres se traînent en compensant. Les dix derniers sont recensés dans la catégorie des « dys » en tout genre : dyslexique, dysorthographique, dyscalculiques...

En fait, plus de 60 % des élèves sont en difficulté scolaire et, à l'entrée en sixième, plus d'un enfant sur deux ne sait pas lire. Combien iront au bout de leurs études ? Combien trouveront un métier conforme à leur désir ? Cette proportion n'est pas pire qu'autrefois. Mais le monde a changé et les statistiques ne disent pas le malaise de ces jeunes en rupture de communication avec une société de plus en plus exigeante.

Les ouvrages consacrés aux origines de l'échec scolaire ne manquent pas. Chaque spécialiste, en fonction de son expérience ou de sa discipline, a son explication. Les conditions socio-culturelles ou psychologiques, l'inadaptation des pédagogies, le niveau intellectuel, la complexité des connaissances, la crise de la civilisation figurent, à tour de rôle, au banc des accusés.

Il y a également les conditions de travail des enfants, les classes surchargées, les locaux vétustes ou sordides, le système d'orientation, le manque ou le trop plein de réformes... mille explications qui se mordent la queue car elles restent au niveau horizontal et, en fait, organisent une véritable fuite « en avant ». Au bout du compte, les responsabilités semblant partagées, tout le monde se sent culpabilisé... et l'enfant reste en échec sur toute la ligne, devenant progressivement un exclu, puis un marginal. Pourquoi ne pas avouer que nous sommes, sur le plan de la recherche et de la pratique de l'enseignement dans un huis clos. « Ça ne marche pas. » Voilà le constat auquel des dizaines de colloques aboutissent et qui résument les expériences de milliers de professeurs démunis.

Depuis plus de quarante ans, je soigne des enfants en difficultés scolaires. Aujourd'hui ma réussite dans le traitement de la dyslexie dépasse les 90 %. Loin de tous les débats idéologiques, je crois qu'il faut « revenir à l'enfant et à sa difficulté de vivre ».

Les élèves en retard scolaire présentent toujours le même genre de difficulté qui se traduit par ce chiffre : 60 % d'entre eux ne savent ni lire, ni écrire ni compter correctement. Ce sont les mécanismes de base de l'apprentissage qui sont bloqués. Un enfant qui n'a pas intégré les « savoirs instrumentaux » est rapidement condamné par l'école et rejeté par la société.

A la source de ces échecs, il y a, tout le monde en convient, un problème de communication. J'ai localisé ce problème plus précisément en constatant que l'immense majorité (plus de 80 %) de ces enfants manifestent des blocages d'ordre auditif. Les tests classiques passent souvent à côté, car les informations qu'ils donnent ne concernent que la simple audition. Premier organe sensoriel développé par le fœtus, l'oreille est la véritable porte d'accès de l'univers en nous. Elle fonctionne comme la dynamo du cerveau et du système nerveux.

Un enfant qui ne fixe pas son attention, qui manifeste des retards de langage ou qui a des troubles de comportement, a supprimé ou amoindri son « Désir d'écoute ». Il ne pourra pas, non plus, exprimer clairement sa pensée, mémoriser correctement et contrôler son langage. Ce handicap est à la source de tous les troubles d'apprentissage. Ses effets sont désastreux et inévitables. L'enfant mis dans l'impossibilité d'analyser avec précision les sons, ne pourra pas les reproduire sur le plan graphique. Les fautes d'orthographe s'accumuleront. Mis en présence de la lettre dans un exercice de lecture, il sera incapable de décoder le texte.

LES TROUBLES SCOLAIRES

Les parents et les pédagogues ne trouveront pas ici un nouveau pamphlet remettant une fois de plus en cause l'édifice de la famille ou de l'école qui restent les lieux privilégiés d'épanouissement de l'enfant. Les difficultés qu'il y rencontre ne sont jamais définitives. Car, si l'Ecoute est au centre des mécanismes d'apprentissage, elle est également une pédagogie qui permet de surmonter les retards et les blocages, en ouvrant à l'enfant les portes de la connaissance.

I

TÉMOIGNAGE

Il s'appelle Lionel. Il a 9 ans. Son histoire est celle de tous les dyslexiques, de tous les enfants errant d'échec scolaire en échec scolaire. C'est un « cas type » a-t-on l'habitude de dire, avant de le ranger dans un fichier d'où il ne sortira plus.

Le Conseil de professeurs lui a fait redoubler sa classe de cours élémentaire. Mais, il y a retrouvé les mêmes difficultés. Alors, en cours d'année, on le transfère dans une classe « d'adaptation », une « inférieure améliorée » ou une « supérieure dévaluée »... Lionel est jugé, noté par ses professeurs : « instable ». On le dit « incapable de fixer son attention ».

Son bulletin trimestriel est accablant. Avec des notes catastrophiques en orthographe, en lecture, des jugements rageurs sur son « manque de rigueur et de volonté ».

Les parents convoqués par le directeur sont mis en garde : « Lionel a un comportement anormal, leur dit-on. Il ne joue pas avec ses camarades et se montre particulièrement agressif avec eux. » Comment pourrait-il d'ailleurs avoir envie de communiquer avec des compagnons qui changent tous les ans en fonction de ses affectations scolaires cahotiques ? On conseille aux parents désemparés de « voir un spécialiste ». Déjà marginalisé, il rentre alors dans le circuit des « psy » et « ortho » en tout genre. Chacun a sa méthode. Chaque entretien est un calvaire.

Quand on l'interroge, il ne sait que répondre. Sa voix est terne, assourdie, les mots se bousculent dans sa bouche et dérapent en des phrases incompréhensibles.

Le verdict tombe, parfois cruel : « Votre enfant n'a pas tellement de possibilités. C'est déjà bien beau qu'il en soit arrivé là. »

On le dirige alors vers un Institut médico-pédagogique où un « enseignement spécial » lui sera prodigué. Lionel doit encore se faire à un nouvel environnement et à de nouveaux camarades. Après deux nouvelles années scolaires doublées de cours particuliers et secondées par une armada d'éducateurs spécialisés, les résultats restent encore décourageants.

Pourtant, au fond de lui-même, Lionel, sent des potentialités et une envie prodigieuse de vivre. Mais elles restent enfouies, sans possibilité d'expression. Ce handicap, s'accumulant aux autres, l'enferme progressivement dans un mutisme vengeur : « A quoi bon — se dit-il — personne ne me comprend. »

Ce n'est pas Lionel qui peut raconter son histoire.

Ou alors plus tard, s'il a la chance de se sortir d'affaire. C'est ce qui est arrivé à l'un des psychologues qui dirigent un des centres appliquant nos techniques. Il est venu me consulter à Paris il y a une vingtaine d'années, et ses progrès furent rapides, si spectaculaires qu'il décida de consacrer sa vie à l'aide des enfants victimes, comme lui, de ce « mal-être sournois » : la dyslexie.

Lionel, comme les milliers d'enfants qui sont dans le même cas que lui, ne souffre pas d'une maladie mentale, n'est pas victime d'un virus inconnu. Il est dans son propre pays comme un immigré ne parlant pas la langue. Paul Madaule utilise — dans un rapport resté jusque-là inédit — deux comparaisons fortes pour expliquer l'état d'esprit du dyslexique et rendre compte de son univers mental si particulier.

Imaginez-vous au Japon (ou tout autre pays dont vous ne connaissez pas la langue), dans une situation d'urgence où vous avez besoin de vous faire comprendre. Mais, ne disposant que d'un très pauvre bagage linguistique, vous ne vous exprimez qu'approximativement. Les mots sortent difficilement et ne permettent pas de nuancer votre pensée.

Votre interlocuteur vous fait repérer, mais vous ne saisissez pas son propos. Vous répondez une nouvelle fois à côté et la conversation prend une autre direction que vous êtes également incapable de suivre. « Une telle conversation — écrit Paul Madaule — est truffée de malentendus qui faussent le contenu du dialogue et détériorent la relation entre les deux protagonistes. »

Imaginez-vous, maintenant, disposant d'un appareil téléphonique de très mauvaise qualité. Seuls demeurent compréhensibles quelques mots usuels et grossiers. Comment faire passer un message plus subtil ? Cette situation rappelle le fameux sketch « Le Télégramme », où Yves Montand essaie de dicter à une standardiste obtuse (jouée par Simone Signoret) le texte d'un beau poème d'amour. Devant son incompréhension, il doit épeler chaque mot en prenant l'initiale d'un prénom pour mieux se faire comprendre ! La pensée la plus délicate acquiert ainsi autant de charme que l'annuaire des PTT !

Pourtant ces deux situations déjà difficiles ne représentent que la moitié des troubles vécus par le dyslexique. Car, dans ces deux cas de figure, le voyageur ou l'amoureux ont — dans leur esprit — une idée claire de ce qu'ils veulent exprimer. Or, le dyslexique n'a même pas une langue où se sentir à l'aise. « A l'instar de son langage mal structuré, ses idées restent confuses et intraduisibles. Il est dyslexié jusque dans ses pensées », précise Paul Madaule.

Ce pays où il se sent comme un étranger jusque dans son langage, c'est pourtant le sien. Pourquoi ne le comprend-on pas ? A bout d'arguments et de tentatives de dialogue, l'enfant finit par se lasser et « rejeter un monde qui le rejette ».

Le dyslexique erre aux portes du langage, comme les âmes dans le purgatoire de Dante. Il ne comprend pas pourquoi il n'a pas reçu la clé en héritage. Les mots, les phrases sont pour lui comme des prothèses mal adaptées. On dirait que cette difficulté de communication fait tâche sur tout le reste du corps. « Souvent ils sont maladroits dans leurs mouvements, explique Paul Madaule. Ils paraissent encombrés de leur corps comme s'ils portaient un vêtement neuf ou trop étriqué. Ils ne savent pas quoi faire de leurs membres, de leurs mains en particulier. Soit rigide, soit avachie, leur posture manque de naturel et de souplesse. Ils sont dyslexiés jusque dans leur corps. »

Les grands voyageurs connaissent bien ce sentiment nostalgique qui les prend au bout d'un très long séjour hors de leur terre natale. C'est le « mal du pays ». Les Anglais ont un mot encore plus fort : ils parlent du « home sickness ». Mais vers quel pays peut se retourner le dyslexique ?

Il passe, en effet, son temps à fuir la réalité, rêvant à des jours meilleurs toujours repoussés à des lendemains désenchanteurs.

« Il va intérioriser et rendre plausible dans l'imaginaire ce pays qui n'existe pas. »

Ce n'est pas drôle pour lui. A l'école, il accumule les mauvaises notes , à la maison les relations se dégradent avec la présentation d'un bulletin de plus en plus catastrophique. Le dyslexique perturbe tout son environnement et les incompréhensions qu'il suscite entraînent, à son égard, une profonde agressivité. C'est toute la famille qui est mise en position d'échec. On cherche des responsabilités, de solutions bâtardes, rien n'y fait.

« Alors, conclut Paul Maudale, comme le prisonnier dans sa cellule, il compte les jours qui le séparent de ses vacances-fuite, tant imaginées. Quand elles arrivent enfin, le rêve se transforme à nouveau en réalité : réalité d'un univers « dyslexié » jusque dans les loisirs. Son malaise intérieur se transforme en ennui, en inertie, ferment d'angoisse et d'appréhension. Appréhension de la nouvelle rentrée scolaire qui se rapproche irrémédiablement et qui portera le fardeau des échecs passés accumulés : redoublement, changement d'école, pension... »

RON
pffffffffffff
RON
pffffffffffffff

II

LES PERLES DE L'ÉCHEC SCOLAIRE

Autrefois, on traitait les enfants en difficulté scolaire de « crétins ». Aujourd'hui, ils revendiquent eux-mêmes cet état et cette étiquette. « Je ne suis pas bon à l'école parce que je suis fainéant », « je ne suis pas intelligent », « je suis un bon à rien », « je suis un chahuteur »... L'échec scolaire est aujourd'hui banalisé, et il est effrayant de constater qu'à 8 ou 9 ans un garçon ou une fille peut considérer comme une fatalité son incapacité à vivre comme les autres.

Et pourtant, ce ne sont pas les explications qui manquent. Les enseignants, les journalistes, les psychologues, les spécialistes les plus variés proposent leur solution. On incrimine le milieu socio-culturel, la famille, la crise de la société, l'univers scolaire, la formation des maîtres, les méthodes de lecture, le système de sélection et d'orientation... le manque de réformes dans l'Education nationale ou ... leur trop grand nombre.

LE CANCRE EST LAS...

L'école vient du mot latin *schola* qui signifie « le lieu où l'on s'amuse ». Mais aujourd'hui, pour des milliers d'enfants, il est synonyme de souffrance et de désespoir.

« Mon enfant est un cancre, il ne fait rien à l'école », entend-on dire par des parents exaspérés, dégoûtés de voir arriver à la maison des bulletins scolaires de plus en plus catastrophiques. Le premier réflexe est de trouver des responsables : « Si ce n'est l'enfant, c'est donc le maître », se disent-ils. Puis, vient l'heure des grandes remises en question. Les parents se culpabilisent, en essayant de placer à l'origine des difficultés de leur enfant tel drame ou tel incident de la vie quotidienne. De nombreux psychologues préconisent de « laver le linge sale en famille », ou de « tout déballer » pour faire « remonter » le problème.

Bien vite, la tension s'élève et la famille entière se retrouve en position d'échec. L'enfant pourtant met de la bonne volonté. Le « cancre » est, souvent, l'élève qui travaille le plus dans une classe. Il multiplie les efforts pour essayer de comprendre un univers hostile. Mais, combien de temps tiendra-t-il ?

Paradoxalement, un élève en difficulté est souvent un enfant brillant. Ses connaissances étonnent son entourage. Face à un monde fermé et opaque, il déploie des trésors d'imagination, d'habileté et d'intelligence pour se hisser au niveau de ses camarades. Mais ses exploits tournent à vide. Le succès n'est jamais au rendez-vous. Il ne comprend rien aux leçons du maître et la copie qu'il rend, bourrée de fautes d'orthographe, est écrite avec des lettres mal assurées.

Il retrouve, dans le fouillis qu'il a exprimé sur sa feuille de papier, son propre désordre mental. Si, à l'école, les mauvaises notes tombent, à la maison les remarques désagréables, les critiques deviennent de plus en plus sévères. Le « cancre » désarme ses parents et, peu à peu, abandonne. « Autant ne rien faire, pense-t-il, puisque le résultat est le même. »

L'enfant en échec scolaire vit un drame fortement exacerbé par l'incompréhension de ses proches. Fait-on preuve de sévérité à son égard ? Il l'interprétera, à vrai dire, comme une injustice de plus. Quelle issue lui laisse-t-on ? Il court des risques énormes et, progressivement, déserte son environnement, devient « caractériel », se réfugie dans une pathologie plus ou moins grave. Mais celle-ci n'est pas à la source de sa difficulté première. Il l'a forgée comme une réplique à un monde qui s'est fermé à lui.

Apprendre — comme marcher ou parler — est une activité naturelle de l'homme, une source de plaisir sans cesse renouvelée. Il n'y a pas de cancre inné, d'enfant démuni de capacités à intégrer correctement les connaissances. Cette affirmation, à l'allure de profession de foi, permet de comprendre les angoisses auxquelles font face les enfants en position d'échec scolaire. Comme leurs camarades, ils ont en eux une étonnante poussée de vie. Mais, un jour, par malchance, ils sont tombés au fond d'un puits. Tendez-leur une corde, ils y grimperont. Tout seuls.

LA CHASSE AUX CANCRES DEVIENT INDUSTRIELLE

Nous sommes de nos jours confrontés à un problème de type particulier dû à l'emprise grandissante des techniques d'aides « psychologiques » instituées dans l'univers de l'école. Aujourd'hui, le cancre ne porte plus de bonnet d'âne ; il est couvert d'étiquettes. Les spécialistes se disputent le marché des mauvais élèves. Dyslexiques, dyscalculiques, dysorthographiques... autant de termes ésotériques, inquiétants qui évoquent et souvent impliquent un univers « paramédical » où l'enfant échappe au contrôle de l'école et de sa famille. Il devient un cas.

Les psychomotriciens, les orthophonistes, les psychothérapeutes, toutes ces suppléances ont certes leur utilité. Mais pourquoi y précipiter l'enfant, comme si l'entourage (par manque de temps ou d'attention) voulait fuir ses responsabilités ? D'ailleurs, ces auxiliaires peuvent connaître également l'échec. Alors, pour l'enfant, c'est la condamnation définitive. Son sauvetage est remis aux calendes grecques. « Il n'y a plus rien à faire. Il faut renoncer aux études », dit-on en baissant les bras.

Certains spécialistes du monde médical ont tranché : la dyslexie aurait des origines génétiques. Elle serait héréditaire. Si cette théorie avait du vrai, comment expliquer que certains, de plus en plus nombreux, se tirent d'affaire ? Quand ils vont mieux et rattrapent leur retard scolaire, leur succès passe souvent pour une provocation. Le maître lui-même reste perplexe. Ne voit-il pas ainsi une partie de son pouvoir contesté ? Le mauvais élève donne l'impression de revenir sur le droit chemin. N'aurait-il pas « fait exprès » d'accumuler les échecs ? « Le fainéant s'est mis à travailler », dit-on autour de lui. Comme encouragement, c'est mince ! Mystérieux quand il va mal, le cancre est un suspect quand il progresse.

Rejeté par l'école, réfractaire à tous les traitements parallèles, que devient cet enfant en bout de course ? Il a fini par décourager les meilleures volontés. Personne n'en veut. Mais il est toujours là, avec des problèmes centuplés, victime d'une incompréhension grandissante. Dans son cœur, après le désarroi, vient l'heure de la révolte. De quoi donc est fait ce carcan dans lequel il s'empêtre ? Mettons un instant de côté les responsabilités partagées, les causes sournoises, les rancœurs tenaces, les origines insolites qui l'ont conduit à cette situation. A la source de son handicap, quelles qu'en soient les origines psychologiques ou relationnelles, il y a un « blocage ». Souvent les parents s'en souviennent. « C'est vrai, il a eu des difficultés d'adaptation quand il est passé en CP », « Il lisait mal au début », disent-ils quand on les interroge. Parfois, l'indice remonte encore plus haut : « vers 4 ans ses progrès en langage se sont arrêtés ».

Ces difficultés d'intégration indiquent un obstacle dans les processus et un défaut dans les capacités d'écoute de l'enfant. Il est prouvé que plus de 70 % des élèves présentant des troubles scolaires manifestent des blocages d'ordre auditif. Tout en ayant une oreille « audiométriquement normale », ils présentent sur le plan de l'écoute des faiblesses importantes qui peuvent être décelées par un « test d'écoute » approprié.

Devant une situation difficile, l'enfant s'est senti fragile. Il a réagi comme un coquillage surpris par une rencontre imprévue : en se fermant et en portant un coup d'arrêt à son évolution. Il a raté une étape comme un voyageur rate un train. Faut-il le soumettre à un interrogatoire sur les raisons de son retard ou l'aider à prendre le prochain départ ? L'indicateur de la SNCF est suffisamment riche en possibilités pour qu'on choisisse la deuxième solution. Et l'enfant a toute sa vie devant lui pour comprendre que les trains partent à l'heure.

PLATON OU DOROTHÉE ?

On entend les parents se plaindre des trop gros efforts demandés par les maîtres aux enfants. « On leur bourre le crâne, pas étonnant qu'ils soient fatigués. » Encore un préjugé, car chacune des 15 milliards de cellules que contient la tête d'un enfant est capable, à elle seule, d'intégrer l'ensemble des connaissances de l'humanité. Et, devant cette richesse « neurologique », il n'y a pas d'inégalité.

L'enfant « sait » tout. Quelle que soit son origine sociale, culturelle ou — faut-il le rappeler ? — raciale, il est né pour s'ouvrir à l'univers entier. Son cerveau est fait pour engranger des connaissances bien supérieures au plus grand computer qu'on pourra inventer.

En faisant de la connaissance un processus de redécouverte, je ne lance pas une idée nouvelle. Cette vieille lune, plus actuelle que jamais, remonte à Platon. L'enfant, par l'apprentissage du langage, accède au niveau d'humanisation nécessaire pour que le cosmos qui lui parle puisse l'interpeller réellement. Il est alors prêt à l'intégrer très rapidement.

Livré à lui-même, un enfant nous montre qu'il n'y a pas de limites à ses capacités d'intégration. On ne lui en apprend jamais assez. La fatigue dont il se plaint n'est jamais due à un surcroît de connaissance que le cerveau repousserait par indigestion. En fait, quand on respecte leurs rythmes naturels, nos 15 milliards de cellules ne s'arrêtent jamais de travailler. J'ai vu des enfants de moins de 3 ans apprendre l'alphabet en regardant la télévision ou en feuilletant des magazines. Quand ils ont été en âge d'aller à l'école, il a fallu tout reprendre à zéro. Etaient-ils devenus idiots pour autant ?

Un jour, une fillette se trouvait, chez moi, devant un tableau d'Anna Eva Bergman, la femme du grand peintre allemand Hartung. Elle avait 4 ans et demi et défendait l'œuvre devant sa cousine beaucoup plus âgée et qui n'y comprenait rien. A bout d'argument, l'aînée lui lança : « Ton tableau, il est nul. Je peux en faire autant. Il ne veut rien dire du tout ». « Si, répliqua la fillette, il veut dire quelque chose. Ce sont des rêves en or. »

La même enfant, six mois plus tard, devant ce tableau s'étonne et se demande à haute voix comment on peut peindre de telles stupidités. Entre-temps, elle avait fait ses premières armes à l'école où le maître lui avait appris à reproduire des feuilles de marroniers et l'avait contrainte à dessiner des objets en dehors de son imagination et de son imaginaire. L'école avait anéanti en quelques semaines sa créativité naissante. Un mouvement naturel porte l'enfant dans une démarche positive vers son environnement et les belles choses. Mais cette curiosité est encore une mécanique fragile. Un rien peut la briser.

Ce n'est pas l'école qui est en cause, mais la qualité du maître. Certains pédagogues font retrouver aux enfants la grammaire et l'analyse logique des phrases. Sans aucune aide. Découpés aux ciseaux, démantelés, reliés par des ficelles et accrochés au tableau, les mots, les propositions se relient les uns aux autres, révélant un univers de combinaisons et de jeux très excitants. Le rôle du professeur, alors, est d'éveiller chez l'enfant la perception du rapport entre ces éléments : les mots et les phrases. Si, du haut de son bureau, il avait parlé d'« épithètes » ou de « substantifs », les élèves n'auraient pas compris car ce vocabulaire reste hors de leur portée. En revanche, ils sont capables de démonter n'importe quel « syntagme » pour le recomposer comme un Lego ou un Mécano… La grammaire devient un jeu et l'analyse des propositions débouche sur la découverte d'un univers mobile fait de relations multiples entre des éléments simples que les enfants ont déjà intégrés dans le langage oral.

Platon — dans un de ses premiers dialogues — raconte comment il a fait « redécouvrir » à son esclave la géométrie. En quelques mots. Un cercle, un ovale, un carré, un losange. Nous disposons tous de la connaissance de ces formes. Pour pousser plus loin et avancer dans leur analyse, il suffit d'un pédagogue qui va montrer à l'enfant les chemins qui mènent de l'un à l'autre, les relations qui se nouent, les constellations qui s'établissent. Il va éveiller l'élève et lui permettre de pousser plus avant ce qu'il subodorrait.

Dans cet ouverture de l'enfant vers le monde, les mots « apprendre » ou « travailler » n'ont plus guère de sens. Le premier terme, dans sa connotation égoïste d'appropriation implique déjà un mouvement de fermeture sur soi-même ; et le second signifie éthymoligiquement... « torture » ! Dans ces conditions, peut-on vraiment avoir envie de « travailler ? » Un enfant demande à être inondé d'informations. Il est capable de tout « comprendre » à partir des éléments qu'il a déjà intégrés depuis longtemps y compris pendant sa vie prénatale. A son arrivée en classe maternelle ou, un peu plus tard en Cours Préparatoire, son cerveau est déjà riche de milliers de données sur lesquelles il suffira de s'appuyer. En quelques petites années, il est passé de l'« infans » (celui qui ne sait pas parler), blotti dans le ventre de sa mère puis enfoui dans son couffin et pendu aux basques de sa mère, à ce petit bonhomme éveillé et naturellement curieux. L'adulte est-il aussi créatif en un si court laps de temps ?

Ce sont souvent les mêmes parents qui se plaignent des trop gros efforts demandés à leurs enfants en classe et qui les laissent des heures devant la télévision. En quoi les informations reçues à l'école seraient-elles plus fatigantes que les inepties avalées en regardant des séries et des dessins animés « made in Japan » ? L'école devrait, au contraire, être un lieu « tonique » et énergétisant. C'est d'ailleurs le cas pour les « bons élèves » qui sortent en pleine forme d'une journée de cours, prêts à se livrer à d'autres activités... et à regarder Dorothée à la télévision. Paradoxalement, ils « travaillent » beaucoup moins que les « petits derniers » de la classe qui déploient des efforts surhumains pour se hisser au niveau de leurs camarades. Le cancre ne se fatigue pas seulement en classe. Ses loisirs, ses « moments de repos » sont affectés du même trouble de communication. Il ne récupère jamais.

Si l'intégration des connaissances — comme je le suggère — est un mouvement naturel de l'enfant, peut-on envisager une classe sans premier ni dernier ? Hélas ! Cette idée est séduisante mais complètement utopique. Chaque évolution se fait selon des rythmes particuliers. Mais aujourd'hui, dans une classe de 30 élèves, 10 suivent, 10 « compensent » et 10 dérapent. L'échec scolaire concerne donc plus de 60 % des écoliers ! Mais si l'on pouvait remettre le gros du peloton en selle, tout l'effectif se répartirait dans les dix premières places — avec des ex æquo bien sûr — qui correspondent aux variations entre les élèves précoces et les autres, moins doués ou plutôt moins performants face aux apprentissages habituels.

Les parents ont vite fait également de parler d'« enfant surdoué ». On s'étonne de voir un gamin de 3 ans commencer à lire ou à écrire « tout seul ». Dans la bouche des mères ravies, les « grands mots » se bousculent déjà. « C'est un génie précoce, faut-il lui faire suivre un enseignement spécialisé ? »

J'ai froid dans le dos soudain en envisageant cet univers scolaire divisé entre « Futurs prix Nobel » et « Indécrotables dyslexiques ». Le surdoué existe, mais peut-on le confondre avec un enfant qui ne fait que manifester son désir de déchiffrer le monde, d'aller à sa rencontre ? Quoi de plus naturel en somme ? Il suffit d'un frère aîné à côté de lui et d'un livre captivant à portée de main pour déclencher sa curiosité. Il veut appréhender son environnement, se laisse imbiber de tout ce qui passe autour de lui. Il nous donne, en fait, une belle leçon de pédagogie. Vierge encore des mécanismes de la lecture et de l'écriture, sa mémoire génétique est pleine de ce désir de s'intégrer à un univers né avec lui. Il veut jouer et ne demande qu'à maîtriser les règles. S'étonne-t-on de sa facilité à remonter les pièces de ses « Playmobil » ? Quand on découvre le plaisir de jouer aux échecs, les règles s'« apprennent » facilement et devant elles, il n'y a ni premiers ni derniers.

LA VOCATION ? UNE LOTERIE...

L'avenir d'un enfant n'est plus tracé comme il pouvait l'être il y a quelques générations. La famille, puis la société, ont éclaté, le brassage social se manifeste d'une façon permanente, et mille possibilités se présentent à lui. Devant les milliers de voies qui se dessinent, la conscience de l'avenir se montre incertaine et confuse. Le choix d'un métier devient une démarche très délicate, et il faut beaucoup de chance pour déceler tôt sa vocation.

L'école n'a cure de ces subtilités. Elle a mis en place un système d'orientation qui se caractérise par l'arbitraire et la précocité. Combien d'enfants qui voulaient devenir coiffeurs se sont retrouvés dans une filière les préparant au métier de maçon... pour finir chômeurs en fin de scolarité.

Tous les dossiers, tous les rapports, tous les articles et les émissions de télévision sur « l'échec scolaire », évoquent ce problème et l'illustrent d'exemples aussi frappants que consternants.

Récemment, j'ai relevé, dans un article, le cas d'une jeune fille qui, se destinant au métier de secrétaire de Direction, s'est retrouvée dans une filière d'« analyse des métaux » lui assurant (peut-être) un poste d'OS dans une usine chimique. Dans l'enseignement dit technique combien d'élèves trouvent une véritable réponse à leur vocation ? Peut-on être heureux si un conseil de classe vous oblige à être charcutier quand vous vous destiniez au métier de peintre en bâtiment ? Et que dire de ces milliers d'enfants qui n'ont pas encore conscience de leur avenir professionnel et qu'un Conseil pédagogique oriente arbitrairement vers des carrières ultra spécialisées ?

L'école fait parfois de ce système de voies de garage une véritable stratégie politique ravageant tout sur son passage. Dans une émission de télévision, une mère de famille témoigna — sans être démentie — qu'on lui avait annoncé que, puisque son aîné devait entrer en classe de rattrapage, on mettrait systématiquement le cadet dans les mêmes conditions l'année suivante. Sans doute au nom d'une sorte d'atavisme qui transforme l'échec scolaire en maladie héréditaire...

Cette manie a des adeptes dans les plus hautes sphères de l'enseignement. Je connais personnellement un garçon qui a brillamment terminé son internat en étant reçu 40e sur 400. Depuis sa première année de médecine, il se préparait à la dermatologie. Mais, avec les textes en vigueur la seule spécialité qu'il pourra exercer sera celle de... « gastro-entérologue ». On lui demanderait d'être chauffeur de taxi, ce ne serait pas plus aberrant. Le jury lui aurait rétorqué : « Mais, c'est de la médecine. » Pourtant, celui qui a investi pendant des années dans l'espoir d'être un jour spécialiste de la peau et qui s'est rendu compte que toute sa vie ne lui suffira pas pour aller au bout de sa passion ne peut que se révolter contre une mesure aussi stupide !

Je dois avouer qu'à sa place, je me consacrerai à l'analyse des rapports existants entre la peau et les intestins. Je suis sûr que la dermatologie y gagnerait, tant je suis persuadé qu'on se lave « de l'intérieur » et non pas en se savonnant. Mais ce serait une tout autre histoire et sans doute un autre livre.

QUELQUES BALLONS D'OXYGÈNE... VITE DÉGONFLÉS

Devant l'échec scolaire, certains enseignants motivés et courageux ont organisé des solutions « de retrait » essayant de prendre en charge toute l'individualité de l'élève.

C'est le cas au Canada où, dans une école, les professeurs aident les dyslexiques à retrouver une bonne maîtrise du corps par le sport.

Dans l'immensité de la plaine de la Saskatchewan, au Canada, à 50 miles au nord-ouest de Regina, surgit une série de bâtiments abritant une étrange agglomération universitaire. Les conditions d'admission y sont particulièrement sévères. L'établissement ne prend en effet que les dyslexiques disposant d'une excellente santé physique. Les enseignants ont mis au point une pédagogie visant à libérer les élèves de leur handicap par une pratique intensive du hockey sur glace, véritable sport national dans ce pays. Le sport, selon ces enseignants canadiens, permet d'affirmer et d'afiner la motricité générale. Son activité renforcée aurait des effets sur tout le comportement de l'enfant et l'aiderait notamment à mieux se comporter devant la lettre. Les adolescents s'entraînent huit heures par jour, quelles que soient les conditions météorologiques. Ils ont beaucoup de courage car, là bas, les températures descendent jusqu'à moins quarante degrés pendant l'hiver, c'est-à-dire six mois par an.

Je dus avouer mon étonnement devant tous ces adolescents qui se déplaçaient comme des professionnels sur un immense miroir de glace. Je suis resté admiratif devant leur virtuosité et leur élégance. Les résultats étaient probants : ces enfants devenaient de véritables champions de hockey. Leur équipe, dirigée par les meilleurs entraîneurs, avait à son actif de nombreuses victoires. En revanche, en classe les progrès se faisaient attendre. Pourtant l'administration ne lésinait pas sur les moyens.

Au cours de mon séjour là-bas, j'ai été témoin d'un spectacle singulier. Un matin, l'établissement retentit de cris de joie. La nouvelle tant attendue venait de tomber. Le gouvernement provincial et le gouvernement canadien venaient de se soumettre à leur exigence : changer la piste de glace qui devenait, paraît-il, vétuste et dépassée. Ces organismes mettaient à la disposition de l'établissement la somme colossale d'un million de dollars canadiens pour refaire les installations ! Cela permettrait aux élèves de se perfectionner davantage en hockey. Quant à leurs études universitaires... il y a longtemps qu'on avait oublié que le projet pédagogique de base était la lutte contre la dyslexie ! Il est vrai que ce combat aurait été moins spectaculaire. Les arabesques gravées sur la glace par les patins n'ont rien à voir avec celles que la main trace sur la feuille blanche en se lançant dans l'écriture.

J'ai eu en consultation un enfant champion de ski incapable de lire et d'écrire. Les slaloms sur la neige n'avaient aucun secret pour lui, mais cette habileté ne lui était d'aucun secours quand il s'agissait d'entrer dans le labyrinthe de la lecture et de l'écriture.

Tous ces exemples de rééducation par le sport sont, il faut bien le reconnaître, particulièrement décevants. La raison en est simple : la « macro-motricité », que représente l'entraînement sportif, a peu de choses en commun avec la « micro-motricité » qu'est l'écriture.

D'autres expériences ont cours, utilisant le théâtre comme méthode pédagogique. Elles permettent de développer les capacités de verbalisation. C'est déjà l'amorce d'une communication avec l'autre et un tremplin permettant à l'enfant de s'exprimer.

Il y a, heureusement, des exemples bien plus encourageants.

Certains établissements, liés à des entreprises ou à des organismes sociaux, réglementent tout leur enseignement en fonction d'un débouché économique précis. Ils assurent au moins un emploi à tous et motivent les élèves par des visites sur le futur lieu de travail et des liens étroits avec des objectifs visibles.

Quand toute une unité scolaire est liée à un avenir social concret, la motivation est grande pour les élèves comme pour leurs parents. Ces expériences marchent parce qu'on ne parle à cet enfant que de son avenir et qu'il est à portée de sa main. Si le milieu est mobilisé et ouvert sur un espace ou un débouché solide, l'enfant suit avec conviction.

Le « milieu socio-culturel » fait partie des grands accusés de l'échec scolaire. C'est devenu une tarte à la crème. Les couplets sur les enfants « nés dans des conditions sociales défavorables... » encombrent les discours et les analyses. Or, l'envie d'apprendre n'est pas un privilège « de classe ». On parle beaucoup d'inégalités, mais au départ, nous avons tous le même cerveau et la même potentialité en intelligence. Mis à part les cas limites (enfants battus, parents alcooliques...) qui relèvent du traitement social, j'affirme que ces différences ne comptent pour rien en matière de difficultés scolaires. Si, d'ailleurs, l'école était adaptée au désir de l'enfant, il s'y rendrait avec d'autant plus de plaisir et de profit que son milieu familial est perturbé. Il y apprendrait, entre autres, des règles élémentaires de sauvergarde qui l'aideraient à mieux supporter les conflits de la maison.

Au banc des accusés, il y a également les conditions de travail des enfants, les classes surchargées, les locaux vétustes ou sordides, il y a mille raisons qui n'en sont pas. Pourquoi ne pas avouer que nous sommes, sur le plan de la recherche et de la pratique de l'enseignement, dans un huis clos ? « Ça ne marche pas. »

L'ÉCHEC SCOLAIRE ET LA COULEUR DE LA MOQUETTE

L'échec scolaire ne sanctionne pas seulement un système ou, à terme, une société est incapable d'assurer l'éducation et la transmission des connaissances. Il révèle, chez les enfants, un malaise et une incapacité à se projeter dans leur devenir. Ce n'est pourtant pas faute de leur parler d'avenir. Les parents, les professeurs n'ont que ce mot à la bouche. Un avenir qu'il faut « préparer », auquel il faut « penser ». Or, pour les enfants en difficulté dans le présent, ce mot, vide de sens, ne signifie qu'un vague devoir à portée lointaine. Ils ne l'entendent pas de la même oreille que nous. En fait, la perspective d'un futur lointain où il faudra assumer pleinement ses responsabilités leur rend le monde encore plus opaque et paniquant.

Cet enfant dans l'impasse, il nous le dit tous les jours et nous ne l'entendons pas : « je suis mal dans ma peau ». Alors pourquoi ne pas essayer de comprendre pourquoi l'école n'est plus le lieu où il s'amuse en apprenant ? Les autres explications se mordent la queue car elles organisent une fuite en avant à l'égard des responsabilités. Au bout du compte, tout le monde se sent culpabilisé... et l'enfant reste en échec sur toute la ligne.

Dans une émission de télévision consacrée aux « difficultés scolaires » (« Médiations », sur TF1), François de Closets a eu la très bonne idée de faire venir sur le plateau quelques-uns de ces enfants que l'école rebute et qui n'y réussissent pas. Ils venaient tous de « 6e améliorée », de « 5e de rattrapage » ou de « 7e surévaluée » (on ne sait plus où les mettre !) mais tous, à treize ou quatorze ans, présentaient le même handicap : ils ne savaient pas lire. Devant des textes de difficulté très moyenne, on les voyait trébucher, ânonner, bafouiller, « bouler » et, au bout du compte, abandonner. Je suppose que pour les millions de téléspectateurs qui suivaient cette émission, l'événement donnait à réfléchir. Je suis certain également que les parents les plus horrifiés avaient à portée de main, dans leur propre famille, un fils, un cousin, un neveu victimes de la même incapacité à des niveaux divers.

Interrogés par le journaliste, qui leur demandait comment ils expliquaient leur difficulté, ces élèves ne pouvaient que bredouiller des formules toutes faites « on est fainéant ; on ne fait rien en classe »... autant de phrases répétées machinalement à force de les avoir entendues, autant d'étiquettes qu'on avait collées sur leur visage et qu'ils assumaient comme des fatalités.

L'émission s'enlisa ensuite dans des tentatives d'explications toutes plus brumeuses les unes que les autres et personne ne songea que cette séquence était peut-être la clef de tous les problèmes.

En poussant l'entretien un peu plus loin, le journaliste n'eut aucune difficulté à montrer que ces troubles de lecture s'accompagnaient d'une incapacité à exprimer correctement la pensée. L'émotion de passer devant une caméra de télévision ne pouvait certes pas expliquer tout le trouble de comportement que ces « mauvais lecteurs » manifestaient en tentant de s'expliquer...

Ils en ont pourtant des choses à raconter, tous ces jeunes en mal de communication ! Mais pour les sortir, c'est la croix et la bannière ! Leur propos sont englués, hésitants, approximatifs, bref à l'image de leur incapacité à décrypter les lettres.

On sent qu'ils ne contrôlent pas leur discours, qu'ils ne s'écoutent pas parler, que des bouts de phrases mal formés se bousculent dans leur bouche sans trouver de cohérence. A force de trébucher et de se ridiculiser, ces enfants se sont refermés sur eux-mêmes. Pour s'exprimer, ils s'appuient sur un vocabulaire de plus en plus restreint, et leur pensée — soutenue par des mots « mal dégrossis » — à force d'être simplifiée, est devenue terne et amoindrie.

Là, des psychologues avertis se penchant sur leur cas laisseront peut-être tomber cette sentence sans appel : « enfant venant d'un milieu socio-culturel défavorisé ». Et comment le rendre plus favorable ? Par une nouvelle réforme ? par une révolution sociale ? Mais pourquoi ne pas se pencher sur l'origine de tous leurs troubles ? Le symptôme le plus criant est là : 90 % des enfants en difficulté scolaire ne savent pas lire.

Dans une étude de la Direction de l'évaluation et de la prospective citée par Jacques Lesourne dans « Education et société: les défis de l'an 2000 » (*Le Monde de l'éducation*), on apprend que pour la lecture « trois quarts des élèves sont capables d'appréhender globalement la signification d'un texte et d'y prélever des informations pertinentes en fonction des questions posées (...). Mais ils ne sont guère que la moitié à pouvoir répondre à des questions nécessitant une lecture plus approfondie. »

Aujourd'hui, plus qu'à aucune autre époque de l'humanité, la lecture est ce petit « dédale » qui permet d'accéder aux connaissances. C'est la clef du monde, nécessaire dans tous les métiers, depuis le boulanger jusqu'à l'informaticien, du chirurgien au garagiste.

Les connaissances deviennent de plus en plus complexes, de plus en plus diversifiées. Les métiers sont en constante remise en cause, la formation permanente, le renouvellement de l'information sont à l'ordre du jour si l'on ne veut pas se retrouver rejeté par la société.

Il est inutile d'incriminer les parents, les enseignants, la société ou la couleur de la moquette dans les classes d'école. L'échec scolaire est la résultante d'un mauvais apprentissage des mécanismes de base qui nous permettent d'intégrer les connaissances.

A treize ans, en fin de « parcours d'échec scolaire », l'enfant est peut-être devenu « caractériel », « inadapté », « pré-délinquant »... que sais-je encore. Mais, pourquoi ne sait-il pas lire ? Cette question peut faire sourire, devant le drame autrement plus poignant vécu par celui qui n'a connu que difficulté et humiliation.

Une dyslexie n'est pas la cause des échecs en série que connaît l'enfant. Mais elle souligne qu'une petite étape a été ratée, laissant l'élève en amont ou sur la rive du fleuve. Elle s'accompagne de difficultés dans l'expression ou dans l'élaboration des idées. En aval, elle présage de nombreux autres troubles liés à l'impossibilité d'intégrer un monde qui ne livre ses secrets que sous forme écrite. Quand une pensée est verbalisée correctement, on dit qu'« elle coule ». Comme un train d'ondes fluide, elle parvient, déjà écrite, à l'oreille de l'interlocuteur. La richesse de la lecture permet d'augmenter le bassin de vocabulaire, d'affiner davantage encore les propos. Ceux qui ne la maîtrisent pas sont exclus du festin de la communication. Pourtant, devant la lettre, il n'y a pas d'inégalité sociale ou génétique.

Un trouble d'apprentissage marque un arrêt, une borne capable d'enrayer l'évolution et l'ouverture d'un enfant à toutes les autres activités. Depuis le bébé qui essaie de se tenir droit dans son couffin puis de marcher à quatre pattes, jusqu'à l'étudiant préparant une agrégation, ce sont les mêmes mécanismes qui sont en jeu et donc, les mêmes blocages qui peuvent entraver la bonne intégration d'une information.

Le maître reste le pédagogue par excellence. Et cette connaissance des mécanismes de base — à la frontière de la neurologie et de la psychologie — est de son ressort. La lecture, l'écriture en font partie. Elles sont une des bases de l'enseignement, la croisée des chemins entre le présent de l'« infans » et le devenir de l'enfant, les véritables clefs de l'échec ou de la réussite scolaire. Mais, la lecture et l'écriture font également partie d'un système plus vaste encore, qui organise le dialogue entre un système nerveux et l'univers. Ce dialogue, c'est le monde de l'Ecoute.

FLAP
FLAP
FLAP

III

BÉBÉ BABIL ET L'ENFANT BABEL

L'APPRENTISSAGE DES LANGUES

BÉBÉ BABIL

Au berceau, les bébés à travers le monde ne poussent pas le même cri. Dans une crèche internationale, une bonne nurse doit être capable de retrouver, à l'oreille, l'origine de chaque nourisson. Le Français fait « Areuh ! Areuh ! »..., une fréquence que l'on retrouvera dans ses hésitations d'adulte : « Heu... heu... heu... ». Le petit italien module beaucoup plus haut. On l'entend de loin pousser ses « é !, é !, é !... » qui, plus tard ponctueront ses phrases : « Ma qué... ma qué ».

L'Anglais s'exprime encore plus haut ; il pousse de véritables petits roucoulements : « ouh !... ouh !... ». Les « sifflantes » dominent dans son babil. Il s'exprime déjà du bout de la langue et se prépare à prononcer des sons aussi complexes (pour nous !) que : « the ». Son filtre auditif — très riche en « sifflantes » — tord les phonèmes jusqu'à les faire diphtonguer en permanence. C'est l'une des caractéristiques de la langue de Shakespeare. Ainsi, dès sa naissance, chaque être, en fonction de sa nationalité ou de sa langue maternelle, dispose d'une génératrice vocale particulière. Tout est déjà prêt pour rentrer dans l'écoute de son environnement.

Ce moule linguistique est un terrain de prédilection pour les imitateurs. Les plus doués font un tabac en donnant l'impression d'être polyglotte, alors qu'ils ne parlent pas un traître mot des langues qu'ils donnent l'illusion de maîtriser. Je me souviens des démonstrations brillantes de Michel Maurice Levy (qu'on appelait Betove) qui passait à l'envie et sans transition du français au russe, de l'anglais au japonais uniquement en jouant sur les consonnances et le rythme.

Chaque langue a son propre registre. Nous prononçons « un plat » en donnant à ce mot l'allure acoustique d'une ligne horizontale. L'Italien, d'une voix chantante et ascendante dit « plato ». L'Espagnol, lui, fidèle à sa vocation de chute dans les graves dira : « plata ». C'est d'ailleurs à lui que nous devons l'origine de ce mot, créé à l'époque où l'Espagne fournissait au monde entier des plats en argent fort renommés. D'une manière générale, le français, étymologiquement, s'est crée à partir de la forme « acusative » du latin. Il s'est souvent contenté de rajouter un « e » à la place des terminaisons en « -um » ou « -am ». Le résultat est beaucoup moins consonnantique que l'Italien qui, beaucoup plus chantant, a conservé l'ablatif latin, les sons en « O » et en « A ». Ainsi, Museum donne « musée » en français et « museo » en Italien.

Le premier contact avec une langue se fait par son rythme, sa tonalité, ses attaques et lachers de phonèmes. En France, nous nous contentons d'apprendre à la « parler correctement », avec les résultats que l'on sait : au bout de dix années d'ânnonement, des générations de lycéens restent ignares et incapables de prononcer correctement une phrase en anglais ou en allemand. Pris de panique à l'approche d'un examen ou poussés par leurs parents, les élèves sont envoyés pendant leur vacances à l'étranger pour effectuer un séjour linguistique... et en reviennent avec d'aussi piètres résultats. En se plongeant tête baissée dans le pays d'origine, ils ont, en fait, autant de chance de maîtriser la langue qu'un tétraplégique de marcher en assistant à une finale d'athlétisme. Les « bains », les « immersions » — dernière trouvaille pour surmonter le handicap du petit Français à l'égard de l'apprentissage des langues — ne sont guère plus efficaces. Mais, cet échec n'est guère pris au sérieux. « Ça ne l'intéresse pas », « ce n'est pas très important »..., voilà des phrases que l'on entend encore de nos jours, à quelques petites années de l'ouverture européenne (1992), et dans un contexte où les relations internationales ont pris le devant dans toutes les activités.

Ce « complexe » est typiquement français. Il ne date pas d'hier et s'explique par une incroyable prétention : nationalistes par vocation, nous sommes, et effet, persuadés de posséder l'usage de « la plus belle langue du monde ».

Devenu étudiant, et motivé par la perspective d'un emploi, l'adulte plus ou moins jeune décide de se lancer à fond dans un training de haute intensité. Mais les proportions d'abandon en cours de route sont, là aussi, très importantes.

PORTRAIT D'UN BARAGOUINEUR

Qui ne s'est retrouvé, un jour, dans l'incapacité de communiquer avec une assemblée étrangère ? Les quelques mots, les vagues expressions apprises au lycée ne sont alors d'aucun secours. La voix veut s'élancer, mais elle retombe comme un soufflé raté. Elle devient terne, fade, et nous perdons même les harmoniques de notre langue maternelle ! Le propos est hésitant, bredouillant et la pensée, si riche ou si précise soit-elle, nous échappe et s'apauvrit. Le maigre bassin de vocabulaire que nous croyons posséder se vide comme une baignoire trouée. Ecouter l'autre devient un exercice pénible de décryptage. Nous faisons répéter. En vain. Tout nous a échappé. Si ce « dialogue » se prolonge, au sentiment d'humiliation fait place une impression bien réelle de fatigue.

Ce comportement du Français hors de ses frontières révèle bien des traits communs avec celui du dyslexique, aussi empétré dans sa langue natale que l'est le premier dans une langue étrangère. L'un piétine en anglais ou en espagnol, l'autre s'exprime avec difficulté dans sa propre langue. Ils partagent les mêmes embarras de communication et doivent, tous deux, surmonter un profond sentiment de ridicule, pour articuler deux ou trois mots imprécis. Ce sont, d'ailleurs, certaines difficultés d'intégration d'une langue étrangère rencontrées par mes patients qui m'ont mis sur la voie des enfants dyslexiques.

J'ai eu, il y a quelques dizaines d'années, la chance de soigner des chanteurs lyriques transalpins, venus me consulter en raison de leurs difficultés à prononcer les phonèmes « de bout de langue », les « RlIl » par exemple. Ces sons leur étaient nécessaires pour une bonne exécution de leur profession, car ils se rencontrent fréquemment dans le répertoire. Tous ces malchanceux avaient la même origine géographique : ils venaient de Venise.

Les Napolitains, en revanche, n'avaient pas ce genre de difficulté. J'eus l'idée alors de faire entendre à mes patients la manière dont leurs compatriotes se débrouillaient avec ces phonèmes si particuliers. Et, pour rester au cœur de leur passion, je leur posai sur la tête un casque relié à un complexe électronique leur permettant d'écouter « la manière » du plus performant des chanteurs napolitains : Caruso. Leur audition peu à peu se transforma. En s'ouvrant à ces nouvelles fréquences, leur voix devint capable de les reproduire parfaitement.

Devant ces résultats si satisfaisants, une conclusion s'imposait : les Vénitiens et les Napolitains n'entendaient pas de la même manière et en transformant l'écoute des premiers, je leur faisai accéder à celle des seconds. Poursuivant le fil de mon raisonnement, je me demandai s'il n'y avait pas également une manière d'entendre : française, allemande ou espagnole. Je n'en étais qu'au début de mes découvertes et aujourd'hui je peux affirmer qu'un sujet est réfractaire à une langue parce qu'il ne l'entend pas.

Le petit dyslexique est un enfant qui a retourné sur l'apprentissage de sa langue maternelle cette difficulté. Déjà handicapé dans l'enseignement général, il aura, de plus, fort peu de chances de bien se comporter dans une langue étrangère. Etre dyslexique en Français prélude de l'être ailleurs. Hélas, il n'y a pas une langue privilégiée pour ces enfants : on les rencontre dans les mêmes proportions dans tous les pays du monde.

SOURD COMME UN FRANÇAIS

La difficulté naturelle bien connue que rencontre le Français vis-à-vis de l'apprentissage des langues, tient en grande partie à sa « bande passante », qui est l'une des plus étroites que je connaisse. Elle est donc normalement fermée et, par manque d'usage, comme sourde aux fréquences qui la dépassent en amont et en aval du spectre sonore.

L'oreille universelle dispose d'un espace que les spécialistes ont délimité entre 16 et 16.000 « périodes/secondes » (ou Hertz). C'est le spectre maximum, impossible à utiliser à pleine puissance. A l'intérieur de ce vaste champ sonique, le français est cantonné dans la zone des 1.000 à 2.000 Hertz. C'est précisément à cet endroit que démarre l'anglais pour remonter, lui, jusqu'à 16.000 Hertz ! Les conséquences s'imposent d'elles-mêmes. L'allemand, lui, descend beaucoup plus « bas ». Il dispose d'une riche palette en sons graves, comme l'espagnol qui, à ce niveau, n'a de leçons à recevoir de personne mais y reste cantonné. Nous sommes encore plus défavorisés par rapport aux Portugais ou aux Slaves, qui sont capables de jouer sur onze octaves ! Les peuples d'Europe centrale comptent parmi les meilleures oreilles du monde... et les plus douées pour les langues.

Certains domaines linguistiques sont très subtils quant à la définition et à la perception des fréquences aiguës. Ainsi l'Anglais oblige les lettres, et notamment les voyelles, à souffrir jusqu'à les faire diphtonguer en permanence. Tout se déforme.

Un jour, aux Etats-Unis, dans un taxi, je donne ma destination au chauffeur en lui demandant de me conduire à « St George Street ». Je prononce cette phrase avec un accent anglais que je crois correct, mais mon interlocuteur n'a pas l'air de comprendre. Au bout d'un certain nombre de tentatives vouées à l'échec, je pousse l'articulation à son paroxysme. Se retournant vers moi, il me lance dans un sourire : « Oh, sainte Dgggiorje ! ». Il y a, dans ce mot ainsi prononcé, une explosion considérable du phonème central et qui nous le rend à peu près imprononçable. Dans l'écriture, vous ne retrouverez pas cette particularité. Progressivement, la phonétique de l'américain s'éloigne de son écriture. Elle oblige la langue à inventer en permanence de nouveaux mots. L'Anglais et l'Américain en sont de grands consommateurs, absorbant et « anglissisant » tout sur leur passage, grâce à leur utilisation forcenée de la diphtongaison. Nous avons quelques diphtongues en français, OI, par exemple. Mais en anglais, il n'y a que cela. Les voyelles pures ont disparu. Un i c'est un « aï ï... », un A, un « eh... ». Les Anglais doivent leur accent à une incroyable tension de la gorge et de la langue. Aucun mot ne résiste à ce traitement ! Leurs vocabulaires sont d'ailleurs très riches : plus de 360.000 mots en anglais et en américain (malgré l'idée toute faite qui veut voir dans cette langue un désert lexical). Le français n'en compte que 65.000. Mais, plus une langue est grave, plus elle rapproche la phonétique de l'écriture et moins elle provoque de distorsions. L'espagnol ne dispose que de 45.000 mots, chacun chargé d'une vieille histoire. Cervantès revenant aujourd'hui à la cour de Madrid ne serait pas dépaysé. Il pourrait communiquer sans problème avec les écrivains contemporains.

A l'intérieur de chaque système linguistique, les peuples se sont également forgés des différences de niveaux qui ne correspondent pas à celles de leurs voisins. Chacun a sa pente naturelle, ses variations d'intensité, sa richesse ou sa plus ou moins grande pauvreté en harmoniques. Enfin, chaque langue a un temps de réponse qui lui est spécifique, au signal sonore qu'elle reçoit. Elles n'intègrent pas le message à la même vitesse. Ce temps de « préparation » (dit « de latence »), est très court pour les Anglais, très lent pour les Russes, etc. Autant de particularités qui coupent naturellement les ponts entre les pays et qui doivent être pris en considération dans la perspective d'une amélioration de la communication entre les nations.

On m'a présenté un jour le chargé des relations internationales d'une très importante maison d'édition française. Cette société venait de sortir, avec un énorme budget promotionnel, un livre de pédagogie écrit pour (du vœu des auteurs et du service de marketing) « inonder l'Afrique ». L'échec avait été retentissant et l'on me demandait de me pencher sur les raisons de ce « flop » monumental. Je n'ai pas eu à chercher bien loin.

Le livre commençait par ces mots « Je Dis, Je Lis, J'Ecris »... Autant de phonèmes que les Africains n'entendent pas, car ils ne font pas partie de leur bande passante. Les auteurs avaient mis la charrue avant les bœufs et cette difficulté insurmontable au premier abord avait rebuté les éventuels lecteurs.

Dans ce concert international, le Français — avec son oreille très moyenne — dispose d'un instrument linguistique aux possibilités réduites. Il est comme un spectateur géné par quatre voisins encombrants dans la salle panoramique du Grand Rex. Une partie seulement de l'écran lui est accessible ; les images sont tronquées, le fil de l'action devient incompréhensible. Nous sommes célèbres dans le monde entier pour notre accent si particulier. Il entraîne des situations cocasses, déclenche parfois la sympathie des petites Anglaises à l'égard des lycéens, mais nous contraint à réduire à notre filtre « made in France » une « bande passante » beaucoup plus large.

Cette raison physiologique n'explique pas complètement nos difficultés à devenir polyglottes. Après tout, les Japonais ne sont guère mieux lotis que nous. Mais, ils compensent ce handicap par des efforts considérables et constants, souvent motivés par des raisons commerciales. Il est vrai que, dans certains métiers ultra spécialisés (l'informatique, par exemple), la maîtrise d'un vocabulaire restreint suffit à bien communiquer.

Sur le plan de la syntaxe et du lexique, le Français a poussé l'expression logique à un niveau où la concurrence est rare. Il dispose également de subtilités sans pareil dans l'expression de la pensée. Le Français est fait pour les subtilités. Et toutes ces qualités, il voudrait les retrouver ailleurs, en y projetant la même exigence. Ce qui est impossible et qui rend l'appréhension d'une langue étrangère encore plus difficile.

La « sclérose » du Français n'est pas un facteur génétique. Mais, une oreille hexagonale, à force de résonner dans un milieu acoustique aussi restreint perd, au bout d'un certain temps, ses capacités d'ouverture et se renferme sur ses maigres possibilités. Comme un microphone à la sélectivité réduite, notre diaphragme auditif ne s'ouvre qu'à sa bande passante et reste sourd aux autres. Malgré sa bonne volonté, le meilleur élève peut se révéler dyslexique en cours d'anglais ou d'italien. Il saura qu'il a trouvé, dans la bande passante de cette langue, une des limites de ses capacités d'écoute.

LE DON DES LANGUES

Les bi ou tri-lingues, ceux qui — dit-on — ont le « don des langues » vous le diront : parler une autre langue, c'est ouvrir son esprit à une autre nation, découvrir de nouvelles sensations et de nouveaux plaisirs. Quand je parle italien, je m'allume aux feux d'une sonorité chantante, je suis en harmonie avec tout un peuple et une civilisation. Je deviens un peu italien moi-même.

Quand je parle espagnol, je redescends dans les graves, mon ventre se met à parler. En anglais, je bondis dans les aigus, je m'envole en lançant les mots du bout de la langue. Américain, voilà mon nez et ma gorge qui vibrent comme jamais.

Chaque langue met en route des zones inexplorées de mon cerveau, éveille des parties nouvelles de mon corps et ouvre à ma pensée des nouveaux horizons. La langue française m'exclut de la dimension philosophique allemande, de la luminosité italienne, de la pensée plus introvertie espagnole. Chanter un blues ou un « negro spiritual » en américain déclenche une posture particulière du corps et la découverte d'une autre spiritualité.

Chaque langue a sa manière familière de « toucher » celui qui la pratique et d'utiliser le corps comme instrument de communication. Elle met en branle par l'intermédiaire de l'oreille et du système nerveux une autre viscéralité.

Le contact d'une culture étrangère par la traduction ne rend pas compte de la résonance interne de chaque langue à l'intérieur du corps, au plus profond des organes. Nous faisons souvent l'impasse sur leur intégration par l'écoute et ramenons à nos dimensions des nuances qui n'y trouvent pas de place.

Frédéric II, le Prince éclairé, ami de Voltaire, avait l'habitude de dire : « La chance d'ouvrir son esprit c'est de parler toutes les langues. » Et Descartes a précisé souvent qu'il n'aurait jamais écrit « Le discours de la méthode » s'il n'avait connu que le « Bas Breton ».

BÉBÉ BABEL

Les hommes ont accès au même champ sonique. Mais ils y occupent des surfaces plus ou moins importantes. Cependant, la place des autres langues est inscrite dans chacune de nos oreilles, avec un droit de passage, de visite ou de séjour. Ceux qui s'y rendront tôt (dès les premières années de leur vie) seront les mieux lotis.

Entre trois et cinq ans, un enfant peut balader son oreille dans les zones occupées par quatre ou cinq langues différentes, quelle que soit sa bande passante maternelle et sans aucune possibilité de chevauchement ou de bavure entre les différents systèmes. Il est exactement dans la position d'un auditeur de la bande radio en ondes courtes qui « switch » de stations en stations, sans les confondre, chacune étant clairement identifiée et verrouillée sur sa fréquence.

J'ai assisté à des expériences passionnantes en ce domaine au Canada. Dans certaines écoles maternelles, les enfants passent librement d'une pièce à l'autre. Dans chacune d'entre elles, des éducatrices leur proposent des activités et des jeux dans des langues différentes. Une seule condition à cette pédagogie de grande ouverture : que les maîtresses parlent leur langue d'origine. C'est assez surprenant de voir ces petits bonhommes adapter leur oreille en fonction de leurs va-et-viens et réagir en différentes langues sans confusion, avec la même aisance et chaleur dans la communication. Ils font spontanément la différence entre les canaux linguistiques et s'y installent avec une aisance toute naturelle.

Personne, bien sûr, ne prétendra qu'à cet âge les enfants peuvent acquérir la maîtrise définitive d'une syntaxe ou d'un vocabulaire. Mais ils auront déjà fait tomber des barrières acoustiques et neurologiques. Pour eux, il n'y aura plus de langue étrangère. Le terrain aura été préparé sur lequel ils pourront, plus tard, au lycée, construire un édifice plus complet.

J'ai évoqué tout à l'heure la mémoire de linguistes illustres. J'ai eu l'occasion de me livrer à des expériences amusantes avec d'autres sujets aussi doués. Je me souviens d'une personne qui était responsable des relations extérieures d'une société française et qui parlait à la perfection six langues. L'homme était d'origine russe. Un jour, devant une assistance de quarante personnes, je l'ai placé sous « oreille électronique » et l'ai invité à poursuivre avec moi une conversation tout à fait ordinaire. Sans le prévenir, je me suis amusé à changer les conditions de son audition, passant de l'écoute française à l'anglaise, russe... bref, toutes les langues qu'il maîtrisait parfaitement. A la stupéfaction de l'auditoire et à l'instar des enfants canadiens, il enchaînait avec le plus grand naturel passant de l'une à l'autre de ces langues et poursuivant son discours sans aucune discontinuité. Quand je lui ai ôté le casque et, après lui avoir expliqué ce qui s'était passé, il nous a confié avec une candeur parfaite qu'il n'avait rien remarqué !

J'ai renouvelé cette expérience avec le Professeur Lane, du « Dortmund Institut » de Munich. D'origine russe également, il avait à sa disposition le parfait maniement de huit langues. Nous avons obtenu avec lui le même résultat.

Heureusement, les portes du « Paradis des langues » ne se referment pas sitôt passées les tendres années et ne sont pas réservées à une élite. L'oreille peut s'ouvrir à n'importe quel âge et ainsi réveiller, dans le cerveau, des eaux dormantes. Chaque langue a sa zone d'activité acoustique, mais il y a des frontières entre elles, des taux de change et des modes de vie différents. Chacune a son point de fermeture vis-à-vis d'une autre. Une difficulté à parler l'anglais, par exemple, signale toujours un blocage de l'oreille devant les fréquences élevées. Parfois, il ne s'agit que d'une simple absence de pouvoir de sélectivité, dans les aigus ; (dans des cas plus sévères) d'une chute brutale du spectre dans cette zone. Quand il a surmonté cette surdité locale, l'enfant a l'impression de couler dans un nouveau moule plus vaste, où la langue étrangère pourra se glisser avec aisance. Son oreille — et avec elle son système nerveux et ses capacités de mémorisation — disposeront d'un nouveau filtre et gagneront du terrain sur le champ acoustique. L'enfant acquiert un nouveau rythme, s'ouvre à de nouvelles tonalités. Il y gagne la possibilité d'écouter comme un petit Anglais, en supprimant les distorsions qui l'empêchaient de s'entendre et de parler correctement. Il aura vis-à-vis de cette langue une assurance totale qui lui fera faire des progrès considérables.

L'évolution démographique, l'ouverture des frontières, bien d'autres raisons encore, ont transformé le monde moderne en une nouvelle tour de Babel. Si les enfants sont naturellement enclins à devenir polyglottes, les problèmes posés par la présence de plusieurs nationalités dans une classe paraissent souvent insurmontables aux yeux d'un professeur tout juste capable de baragouiner quelques mots en « yoghourt » à la date de consommation périmée.

J'ai visité, un jour, dans le Nord de notre pays, une classe composée de vingt-sept très jeunes élèves (5 ans de moyenne d'âge) parmi lesquels il n'y avait qu'un seul Français ! On y trouvait des Maghrébins, des Italiens, mais également des Turcs qui parlaient chez eux le kurde et des Yougoslaves s'exprimant en serbo-croate ! Les enfants de ces deux dernières nationalités devaient suivre, parallèlement à l'école, des cours obligatoires d'apprentissage de la langue officielle de leurs pays d'origine ! Les deux seuls Français (le maître et l'élève) étaient les seuls à mal vivre cette situation. Ils semblaient paumés. Les autres enfants passaient d'une langue à l'autre avec une aisance stupéfiante pour nos deux compatriotes désarmés.

Si la famille est bien structurée — et elle l'est souvent chez les travailleurs immigrés — l'enfant peut s'en sortir sans aucune difficulté. A une condition : que les parents, à la maison, continuent de parler leur langue d'origine. S'ils essaient — avec une louable intention — de baragouiner un vague français, l'enfant perdra sur les deux tableaux. Le retard scolaire chez ces enfants n'a souvent pas d'autre origine. Il peut même avoir un fâcheux effet rétroactif sur la langue maternelle. Un comble ! Si la mère est Arabe et qu'elle vit avec un Asiatique en France, chaque parent peut s'exprimer avec naturel dans sa langue d'origine. L'enfant s'y retrouvera parfaitement, car il sait les différencier. Chaque langue a son canal fréquentiel, sa bande passante, son ouverture auditive... et son oreille. Si l'on établit des ponts factices entre elles, tout se mélange... Il y a un monde entre l'oreille d'un Français et celle d'un Anglais, mais la place de chaque langue est présente dans notre cerveau. Un enfant est potentiellement polyglotte, sans limite ni distinction. Ce n'est que plus tard, en vieillissant, que nous perdons le diaphragme qui nous permet de les intégrer.

IV

CELUI QUI CHANTE

LE CHANT DE L'ANGE

Quand il chante — et il le fait spontanément — un enfant « casse la tête » de son entourage. « Tais toi, tu chantes faux » est le seul compliment auquel il ait droit. Obéissant de nature ou contraint par des injonctions sans réplique, il s'arrête brutalement car il a déjà appris à fermer des portes en lui, pour « avoir la paix » ou « éviter un problème »... La maison retrouve son silence habituel. Les parents soupirent de soulagement.

L'interdiction de chanter à la maison est efficace. L'enfant n'ouvrira plus jamais la bouche. Elle laisse dans son cœur une profonde nostalgie qui l'accompagnera toute sa vie et qui ressortira dans l'expression de regrets tout à fait conscients. J'entends tous les jours des adultes se plaindre de cette entrave subie dans l'expression d'une passion qu'ils auraient aimé assouvir.

Pourtant, les enfants ne désirent pas tous devenir ténor ou soprano. Ils vont au chant comme à la source, car ils ont découvert dans cette activité une fonction essentielle que les adultes ont oubliée.

Le nourrisson chante avant de parler, il « gazouille » avant de formuler clairement ses premières syllabes. En jouant avec les sons, il respire mieux et retrouve de l'énergie. Il prend de l'assurance.

Un peu plus tard, le bébé découvre que le chant redresse son corps en l'obligeant à tenir cette fameuse posture que les professionnels développeront par la suite. C'est une grande aide pour un petit bonhomme, qui a toutes les peines du monde à se tenir debout et à lutter contre la pesanteur. Le chant donne une impression de légèreté. Avec lui, l'enfant s'envole. Surtout quand sa voix atteint les fréquences « hautes », ces aigus qu'il entend si clairement. Les anges chantent, pas les poissons (encore que je n'en suis pas sûr).

L'analyse fréquentielle de la voix montre qu'elle peut atteindre de très hauts niveaux : jusqu'à 15.000 hertz ! C'est un formidable pouvoir que l'on découvre dès les premiers mois de la vie. Mais, pour un adulte, le langage particulier de l'enfant est comme une langue étrangère. Et les tentatives qu'il fait pour s'en rapprocher sont souvent vouées à l'échec.

Dans un louable effort de communication, nos contemporains veulent mettre à sa disposition des chants d'enfant... mais ceux-ci sont le plus souvent interprétés par des adultes. Chantal Goya est certes une grande professionnelle, mais son registre est à des années lumière de ce que les oreilles de son public peuvent intégrer. L'oreille jusqu'à douze ou treize ans, est un filtre par rapport à celle de l'adulte. Elle ne laisse passer que les aigus et reste sourde aux autres fréquences.

Dans la famille, les dialogues tournent souvent mal. Les parents s'étonnent de n'être pas « entendus ». Et, devant des cris proférés à forte intensité, ils manifestent leur colère d'un ton sévère, qui est lui-même également incompréhensible. C'est le malentendu le plus complet. Il faut pourtant laisser libre cours à ce vacarme où le petit homme cherche sa voix. En revanche, les enfants s'entendent parfaitement entre eux, puisqu'ils n'émettent que les sons qu'ils sont capables de décrypter. Quand un bébé de dix-huit mois commence à s'exprimer dans son langage à lui, le père n'y comprend rien, la mère suit, et le « grand » frère de trois ans traduit immédiatement.

Je recevais un jour dans mon cabinet un petit autiste de 9 ans qui commençait à sortir de son mutisme. La mère m'expliquait les progrès de son enfant quand celui-ci se mit brusquement à se manifester en baragouinant des syllabes caractéristiques du langage du nourrisson. C'était déjà une belle étape franchie, car ce tintamare indiquait un profond désir de communiquer, mais, bien entendu, je n'y comprenais rien. Comme il parlait de plus en plus fort, la mère, gênée, me dit après quelques hésitations : « Excusez-moi Docteur, il veut votre stylo. » C'est dangereux de donner un tel objet à un autiste, mais je m'exécutai bien volontiers. Immédiatement, il se tut et se calma. Il venait d'obtenir ce qu'il réclamait à cors et à cris dans son premier jargon.

Ainsi, la voix, fortement modulée, donne dans tout le corps des sensations agréables. Elle s'associe aux gestes. Elle fait participer tout le corps dans une dynamique expressive. Elle entraîne de ce fait l'intégration par l'incorporéisation. C'est pourquoi elle aide à mieux parler et à mieux apprendre. Le chant est la voie royale pour le langage et l'apprentissage. L'enfant — en modulant sons et syllabes — se crée des mécanismes d'intégrations définitifs. Par la suite, ceux-ci ne demanderont qu'à être réveillés. Les mots qui passent de cette manière se conservent plus longtemps. On a l'impression de mieux les connaître. Ils semblent plus familiers. Les comptines de l'école maternelle constituent déjà une approche des rythmes profonds de la langue, et les enseignants qui les utilisent ont raison de le faire. Les chansons enfantines déposent les mots et les phrases comme les poissons leurs œufs dans les rivières. Elles « fraient » le passage du langage.

Elles « comptent » et « content » les sons qui reviennent plus facilement quand on veut les rappeler. Les paroles s'oublient, jamais l'air, et le fredonner fait souvent revenir le texte. Qu'il chante faux ou qu'il chante juste, peu importe pourvu que l'enfant chante.

Nous avons perdu l'usage de ce pont qui unit le corps et la langue dans le chant. L'enfant « y danse » tous les jours. Parler, chanter, sont pour lui des activités très « physiques ». La voix, modulée dans sa plus haute expression, accentue le train d'ondes des mots et des phrases. Le système nerveux reçoit ainsi des stimulations très puissantes qui circulent dans tout le corps et atteignent les régions les plus éloignées du cerveau, donnant à la mémoire une assise d'autant plus agissante. Celle-ci n'est pas le privilège d'un organe. Pas plus de la matière grise que du cœur — comme l'expression « apprendre par cœur » semblerait le signifier. Une autre locution de la langue française signale à juste titre qu'on peut connaître quelque chose « jusqu'au bout des doigts ». En fait, la mémoire est cellulaire et les informations passent également dans les muscles, sur la peau, au plus profond des neurones.

Aujourd'hui — au-delà du chant —, c'est toute la musique qui est considérée comme un effet mineur de l'« intelligence ». Elle serait un stade « inférieur » de la pensée, moins riche en significations et en émotions que le langage, mode privilégié de la communication et de l'expression de la pensée. Or — le babil du nourrisson en témoigne — la musique préexiste au langage. En jouant sur l'inflexion ou l'intonation, la signification change, la pensée se nuance et s'affine. Un même texte, selon sa lecture, peut faire rire, grincer des dents ou pleurer. Ainsi la musicalité détermine la portée sémantique d'une phrase. Le langage est une greffe tardive sur une communication « musicale », qui a fait du corps son instrument privilégié.

Intellectuelle, neurologique, sémantique... la musique est la voie la plus directe pour intégrer les connaissances. « Ça rentre plus facilement » avait-on l'habitude de dire autrefois, quand les enseignants invitaient les enfants à apprendre les tables de multiplication, la liste des départements ou les poésies en les associant à certains airs. Les élèves contraints d'« avaler » un maximum de connaissances pour un examen perçoivent également son pouvoir mnémotechnique.

Cette pratique est restée en jachère. Ce ne serait pas grave si, dans la foulée, l'enseignement de la musique à l'école n'avait sombré corps et âme dans un marasme et une médiocrité incompréhensible. Souvent facultatifs, les cours de musique restent la portion congrue de l'Education Nationale. Et les professeurs qui continuent de l'enseigner dans l'indifférence générale sont maintenus à leur poste plus pour « raison sociale » que par nécessité pédagogique véritable. Il n'y a pas, dans ce domaine, de politique cohérente. L'enfant apprend à lire, à écrire, à compter. Personne ne songe à lui faire déchiffrer une partition. En fin de scolarité, cet exercice bâclé n'est maîtrisé que par un nombre infime d'élèves. La proportion tombe à son niveau le plus bas : en dessous de celle concernant ceux qui parlent correctement une langue étrangère.

Sans les sons (et le langage n'est que du son), l'écrit reste « lettre morte ». Les notes de musique pourraient aider l'enfant dans son apprentissage de la lecture, cette étape si importante de son développement. L'école plonge ainsi l'enfant dans un univers auquel il manque une dimension. L'apprentissage devient complexe pour notre jeune apprenti et les mots soustraits de leur musicalité ne résonnent plus dans son corps. On a coupé les ailes au langage.

C'est en jouant avec les phonèmes comme avec des notes de musique que l'enfant a acquis ses premiers mots et s'est construit peu à peu un vocabulaire. Il connaîtra bien d'autres situations où ses mécanismes d'apprentissage seront sollicités. Marcher, grandir, lire, compter, apprendre une autre langue, un sport, accroître ou renouveler ses connaissances — autant d'étapes dans son développement, autant de mondes nouveaux à appréhender, autant de langages à intégrer. Ces nouveaux codages ne seront que des « jeux d'enfant » pour son système nerveux si la voie a été bien frayée par une association correcte et profonde avec les sons. Il peut ainsi remettre en route un mécanisme déjà rodé. Comme des greffes de plus en plus sophistiquées, de nouvelles réalités prendront et germeront sur lui.

L'enfant, au moment de la mue (vers 13 ans) fait souvent une régression de langage et d'apprentissage. Le retour à la lecture à haute voix l'aidera à recoder son clavier corporel et à retrouver ses références de mémorisation, sévèrement mises à mal par cette croissance soudaine et la véritable révolution neurologique qu'il connaît à cette époque de sa vie.

Les grands orateurs frappent non seulement l'imagination du public, mais ils touchent le corps dans ses processus de compréhension du langage. Sans remonter à l'illustre exemple d'André Malraux accueillant les cendres de Jean Moulin au Panthéon, l'évocation de quelques grands noms de la radio, de la télévision ou de la publicité prouvent qu'une voix bien modulée charme ou réconforte. C'est toujours un chant qu'elle exprime. Lorsqu'un musicien va à la rencontre d'un poète, il magnifie des potentialités musicales déjà contenues dans le texte. Duparc a « surdéterminé » ce que l'écrivain avait suggéré en mettant les poèmes de Théophile Gauthier en musique. Quand le résultat est à la hauteur — comme devant toute musique émouvante — l'auditeur en a la chair de poule, il ressent une impression profonde qui fait vibrer tout son être, comme si le texte pénétrait directement dans le système nerveux. Cette expérience courante met en relief un processus naturel d'intégration des connaissances.

Avec certains écrivains ou grands auteurs, l'enseignant dispose de textes où tout semble écrit pour être chanté. C'est le cas de Racine. Je n'ai jamais vu, non plus, de bègues trébucher à la lecture d'une page de Bossuet. C'est peut-être plus difficile si l'on se contente en classe de la lecture des journaux...

Si l'école donnait autant d'importance à l'étude de la musique qu'à la lecture et à l'écriture, nous constaterions des progrès sur tous les plans. Le chant développe chez l'enfant tous les moyens d'intégrer et de communiquer. Grâce à lui, il contrôle physiquement ce qu'il émet et fait de son corps un fabuleux instrument de communication.

En Hongrie, une méthode pédagogique basée sur le chant a eu son heure de gloire. Créée par Kodaly, elle consistait à donner comme assise de tout apprentissage la connaissance du répertoire folklorique. Celui-ci représente en fait un véritable condensé historique de la langue d'un peuple. Il donne les clefs de la langue d'origine ou celles d'un pays étranger. L'enfant est invité à chanter pour imprimer son corps grâce à la voix : il développe sa verticalité par la connaissance des différents sons et devient capable d'associer chacun d'entre eux à une posture corporelle. Un archet, un clavier seront comme des prolongements harmonieux de son corps. Comme il joue de l'un, il jouera avec l'autre. En France, les instruments sont comme des prothèses mal adaptées. Les professeurs s'échinent à expliquer à des élèves mal latéralisés la bonne position de la main gauche par rapport à la droite, alors que dans la vie courante ils ne savent pas les différencier.

Il y a trente ans, me rendant compte que les enfants canadiens chantaient davantage que nos malheureux petits Français, je me suis procuré leurs partitions et enregistrements, en me disant que là résidait peut-être la clé du mystère. Hélas ! Ce fut un échec encore plus rentissant qu'avec les textes antérieurs. J'ai compris par la suite que les systèmes nerveux dans deux pays différents, ne fonctionnent pas forcément de la même façon et ne répondent pas aux mêmes rythmes. Il y a des tas de raisons à ces phénomènes. La principale est due aux différentes impédances existant entre les conditions acoustiques du milieu : chaque pays a ses propres qualités de résonance de l'air au son. Celles-ci modifient la perception de la voix et la capacité de chanter. En France, nous ne sommes guère favorisés.

Pour construire une nouvelle école, les architectes s'entourent d'une armada de spécialistes. Les volumes, l'espace, la lumière, le confort, l'agrément... rien n'est laissé au hasard. Mais personne ne songe vraiment à l'acoustique des établissements scolaires.

Par habitude, on a placé, dans les classes, le bureau du maître d'école à la gauche de ses élèves. Or, l'enfant a surtout besoin de son oreille droite pour entrer en communication avec le monde et faire travailler sa mémoire. En écoutant de l'oreille gauche (c'est facile à vérifier), la pensée perd pied très rapidement, le cerveau peine, l'élève suit mal. Progressivement et inconsciemment, les enfants bien latéralisés vont corriger d'eux-mêmes cette position. Leur corps pivote et présente le bon côté. Mais pour les autres, le handicap se renforce, ils vont se « gauchiser » davantage, perdre une bonne partie des informations et se fatiguer en essayant de comprendre le reste. Il est vrai que les maîtres, aujourd'hui, sont descendus de leur estrade et se promènent volontiers dans la salle. Mais, observez les élèves : ils suivent sa voix par des mouvements de tête (et d'oreille !)...

L'enfant a besoin de bruit, car le bruit, c'est l'énergie. Mais, en tout l'excès nuit. Trop de bruit fatigue, parce que les informations deviennent difficiles puis impossibles à intégrer.

Comme une batterie mise en charge trop longtemps, l'oreille s'épuise en rejetant des sons qu'elle n'arrive plus à absorber. Alors qu'en classe, l'ambiance sonore est étouffée par des matériaux trop absorbants, au moment de la récréation les élèves sont plongés dans un vacarme assourdissant. Les préaux, les murs, les sols en ciment transforment les cours en véritables chambres d'échos. Les urbanistes ont pensé à faire des murs anti-bruit pour les riverains d'autoroutes, mais pas dans nos écoles. Les enfants reçoivent une quantité et une intensité soniques telles que leurs oreilles en sortent « éblouies ». Quand l'œil fixe longuement une source lumineuse trop importante, il se produit, au niveau central de la rétine, un halo noir qui persiste jusqu'à ce que les cellules endommagées se rétablissent. L'oreille est victime de phénomènes absolument analogues et aussi dangereux. Les professeurs s'en rendent compte en récupérant les enfants après la récréation. Certains leur accordent, en classe, quelques minutes de répit supplémentaires..., mais dans le plus grand silence. Le temps de recouvrer quelques forces, de calmer les esprits et les oreilles des enfants.

En visitant une école canadienne montessorienne, qui applique ma méthode depuis de nombreuses années, je me suis aperçu, un jour, qu'on avait abattu certaines cloisons pour disposer de plus d'espace et accueillir un nombre plus important d'élèves. Les pièces étaient donc devenues plus grandes. La partie aménagée avait bénéficié de travaux qui avaient rendu les murs complètement insonorisés. Le plancher, quant à lui, avait été recouvert de moquette. Dans les classes, l'ambiance révéla aussitôt deux atmosphères. L'une, répondant à la partie moderne, était sourde et sans vie. L'espace était pratiquement vide et les quelques élèves qui y restaient étaient avachis sur leur table. Ils avaient l'air de dormir. En revanche, dans la partie conservée en l'état, et qui bénéficiait d'une bonne réverbération, les enfants étaient plus actifs et participaient vivement au cours. Il suffisait de leur faire changer de place avec les précédents pour observer, chez eux, le même type de comportement.

Dans une pièce insonorisée, les paroles perdent leur impact, les idées semblent « noyées ». Tout est muet, et l'animation s'en ressent. Ne dit-on pas, d'ailleurs, d'un silence trop pesant qu'il est mortel ?

Les enfants dans une classe sans réverbération acoustique me font penser à ces chiens de chasse aux oreilles pendantes, à l'air abattu, comme s'ils étaient revenus bredouilles.

V

LES VOIX DE L'ENFANCE

LA VOIX DE SA MAÎTRESSE

L'oreille d'un enfant se met en route très tôt, dès le quatrième mois de la grossesse. Pour certains textes hébraïques, le fœtus entend « La Thora » dès les premiers jours de sa petite existence pré-natale. J'ai pu faire admettre qu'« in utero » l'embryo-fœtus entendait. J'ai pu également soutenir que son filtre auditif faisait barrage aux sons graves, jugés trop aggressifs. Il ne laisse passer que les fréquences hautes, les aiguës. Celles-ci, plus riches en harmoniques et plus légères, ont la propriété d'atteindre plus efficacement le cerveau et de le charger d'informations plus subtiles.

A sa naissance, et jusqu'à six ou sept ans, la voix du bébé et du jeune enfant ne s'exprime également que dans les aigus. Mis en présence d'une voix d'homme — où dominent les fréquences graves — il se ferme spontanément. Les pères en font souvent la cruelle expérience. Arraché aux bras de sa mère, bébé se met aussitôt à pousser des hurlements malgré les efforts vocaux (et si peu naturels !) d'un papa bien embarrassé.

A cette époque, l'enfant ne cherche son père qu'à petite dose. Si son métier l'oblige à de fréquents déplacements ou si la famille est riche en oncles et grands cousins, l'enfant ne le reconnaît d'ailleurs pas systématiquement. Il reste dans un brouillard lointain. C'est — je l'avoue — frustrant, mais, dans cette première partie de la vie, il n'y a que la mère qui compte et avec qui le bébé s'entend parfaitement.

Dans certains cas, rarissimes (je n'en ai constaté que trois dans ma carrière), l'enfant, surpris brutalement par la grosse voix de son père est capable de refermer brutalement son écoute, comme un escargot à un contact étranger, ne jamais la rouvrir et se réfugier dans un autisme parfois irrécupérable.

Pendant les trois années de sa scolarisation, en franchissant le premier pas hors de la maison, l'enfant a besoin d'une symbolique essentiellement maternelle et féminine. La voix de la maîtresse représente pour l'enfant un pont entre l'école et la mère. Après avoir empli les classes d'enseignantes inexpérimentées ou bardées de diplômes, mais dénuées de la psychologie la plus élémentaire, une nouvelle mode a cours dans l'Education Nationale : engager des maîtres pour les premières années de la scolarité. Il sont déjà plus de 2 % et on parle d'en augmenter encore la proportion.

Réduire le taux de chômage des adultes est une louable intention. Fabriquer des dylexiques en pagaille, c'est une ânerie de plus.

LA VOIX DE SON MAÎTRE

En maternelle, l'enfant est « fasciné par sa maîtresse ». Il la dévore des yeux et est « tout ouïe » quand elle parle. A trois ans, un petit être est une pâte malléable à souhait. Les pédagogues savent quelles empreintes ils peuvent graver sur un système nerveux entièrement tourné vers eux. La voix de l'enfant, tout particulièrement, sort transformée de cette expérience. Les tests d'écoute nous le révèlent : l'oreille, en fin d'année, s'est modelée (et littéralement moulée) sur la voix de la maîtresse.

En Suisse, les autorités ont pris conscience de ce problème. Les cours de chant font partie de la formation pédagogique des instituteurs. Le chant a des effets dans tous les autres registres de l'expression vocale. Il rend le timbre plus harmonieux, l'écoulement de la parole plus fluide et le ton plus modulé.

L'enfant suit la bande passante de la voix de son maître. Il s'adapte à ses qualités... et à ses défauts. Il en reproduira fidèlement les distorsions. Et, devant une voix vraiment trop aggressive, sa petite oreille crée ses propres zones d'éblouissement et de fermeture. Comme on détourne les yeux devant un spectacle insupportable, l'oreille supprime la réception de certaines fréquences. Mais en se fermant à elles, ce sont des pans linguistiques entiers qui sombrent corps en âme. Ces « déserts acoustiques » forment les germes des futures difficultés scolaires.

Autrefois, à l'époque où les enfants n'allaient que tardivement à l'école (vers sept ans), les mères, en retournant à leurs activités sociales, confiaient la garde et la première éducation de leur petit enfant au grand-père resté à la maison. La voix grave, souvent éraillée, de l'aïeul marquait profondément l'écoute des enfants. Leurs oreilles s'y adaptaient si bien qu'arrivés en classe primaire ils étaient incapables de suivre les propos d'une maîtresse dont la bande passante s'exprime une à deux octaves plus haut.

LE CRI DU LOUP-GAROU, L'ENFER DES GRAVES...

L'enfant découvre l'usage des sons graves au moment de la mue. C'est une véritable épreuve qui l'attend. Il fait face alors à une révolution neurologique. Les incidences sont innombrables, incalculables. Souvent dramatiques, avec des effets sur le caractère de l'enfant et son comportement. Certains élèves, jusque-là brillants, rejoignent le fond de la classe. D'autres font une sévère régression de langage. C'est « l'âge bête », « l'âge ingrat », a-t-on coutume de dire...

Sous l'effet d'un déchaînement hormonal, l'adolescent se met à grandir de 20 cm en quelques mois. Il se retrouve soudain sur des échasses et le monde, vu de haut, n'a plus la même dimension. Elle nécessite une nouvelle appréhension de son environnement. Comme celui d'un loup-garou, son corps se recouvre de poils disgracieux. Sa peau, sur le visage devient rugueuse. La fille elle aussi, subit des transformations radicales. Elle passe à l'état de femme, de future mère. De son côté, le garçon prend conscience d'une « incroyable » poussée sexuelle qui le fait regarder differemment ses petites camarades.

Mais, l'effet le plus spectaculaire de la mue, c'est le changement de la voix. On a longtemps cru que cette transformation était due à la croissance du larynx et à la congestion qu'elle entraînait. Cette explication ne tient pas. L'appareil vocal des castrats grandit comme celui de tous les autres adolescents. Pourtant, ils conservent cette voix aiguë, si caractéristique de l'enfance et n'atteignent jamais leur voix d'adulte.

La mue est d'abord un phénomène d'oreille. Subitement, le filtre qui empêchait l'enfant de capter les sons graves disparaît. La voix descend d'une octave chez le garçon, d'une tierce chez la petite fille et se prépare à acquérir cette bitonalité — tantôt haute, tantôt grave — qui l'accompagnera toute sa vie. Toute l'écoute se trouve ainsi modifiée, obligeant l'enfant à un nouveau décryptage du monde.

L'oreille, elle aussi « grandit ». Le larynx suit et prend une nouvelle position. Il peine, devient congestif et grossit. C'est un mouvement naturel, mais particulièrement angoissant. L'enfant, pendant quelques jours, a même l'impression d'être devenu sourd. Il ne se reconnaît plus quand il parle. Son oreille siffle désagréablement et capte des bruits bizarres. Elle a, en fait, supprimé la réception des aigus pour favoriser la descente vers les graves. Cette dysphonie n'est heureusement que passagère. Elle exprime pourtant une déstabilisation générale de tous les appareils de perception.

Avec la mue, un nouveau codage neurologique est en cours, rendant une révision de tous les systèmes d'intégration nécessaire. Ce que l'enfant croyait acquis s'effrite. Ce qui semblait naturel devient l'objet d'un effort surhumain. Il fait machine arrière.

Nous n'en sommes plus à l'époque où les adultes laissaient les enfants désemparés devant les effets surprenants de la croissance. Mais, les pédagogues mesurent-ils suffisamment les effets de cette révolution sur la scolarité ? Chaque mue est individuelle, laissant un nouvel adolescent seul face à une transformation souvent paniquante. En classe, il demande à être considéré — pendant les semaines que dure cette crise — comme tous ceux qui connaissent une période de retard ou de difficulté d'apprentissage.

S'il veut récupérer rapidement, l'enfant aura intérêt à se laisser emporter par cette régression, comme un plongeur suit le mouvement du tourbillon pour mieux y échapper. Ce sera l'occasion de solliciter les anciens mécanismes d'apprentissage, ceux qui ont permis dans les premières années de la vie de se tenir droit, marcher, parler, de lire, écrire...

La mue, avec une force qui varie selon les sujets, est un typhon (en arabe ce mot signifie aussi « maison pleine de bruits... ») qui fait table rase des acquis passés. L'adolescent trouvera du profit à retrouver la lecture à haute voix qui, en renouvelant le pacte qui unit la lettre à un son, lui donnera une assurance nouvelle. Il s'apercevra qu'il n'aurait jamais dû abandonner ce précieux mode d'autocontrôle.

VI

ZÉRO EN ORTHOGRAPHE

La dyslexie n'affecte pas seulement la capacité de lecture. Elle fait tache sur tous les autres mécanismes d'apprentissaage et notamment sur l'acquisition de l'orthographe.

« Mon enfant lit très bien, mais il est mauvais en dictée. » Combien de fois ai-je entendu ces propos dans la bouche des parents ! J'explique que c'est impossible et je leur prouve que cet « excellent lecteur » manifeste — parallèlement à ses troubles orthographiques — des défaillances de lecture. Un dysorthographique est toujours empétré dans la reconnaissance des lettres. L'enseignant peut ne pas s'en rendre compte car, dans les exercices de « lecture à haute voix », l'enfant — si le trouble n'a pas pris encore de trop grandes proportions, s'il est intelligent... — compense au prix d'une extrême attention et d'une grande fatigue. Mais, à un moment ou à un autre, il lâchera.

L'orthographe s'enseigne souvent à coups de règles... sur les doigts. Son caractère normatif et autoritaire rebute les élèves qui, devant les fautes accumulées, ont pour seul recours de recopier cent fois les mots difficiles ou de les « apprendre par cœur », souvent en les marmonnant en silence. En fait, ils reproduisent à volonté la faute et l'intègrent encore plus profondément en eux. Non seulement ils sont capables de renouveller l'erreur quand ils retrouvent le mot dans un nouveau contexte, mais il peuvent aussi lui avoir inventé une nouvelle déformation.

Dans d'autres cas plus heureux, si l'élève est bien reposé ou encouragé par un professeur bienveillant, si la dictée n'est pas trop rapide, l'exercice suivant marquera un progrès notable. Mais il n'est pas spontané. L'enfant — à l'audition d'un mot « piège » — déclenche inconsciemment un signal d'alarme. Avec beaucoup de persévérance, il retrouve la bonne orthographe, en « interprétant » et en corrigeant la manière qui lui serait naturelle de le retranscrire.

Il peut mettre en éveil ce système complexe de contrôle pendant quelques minutes. Mais, rapidement, les fautes apparaissent à nouveau. Même lorsqu'il rencontre des règles apprises « cent fois ». L'enfant se décourage. S'être donné tant de mal pour un aussi piètre résultat ! Pendant la dictée, il a l'impression qu'entre le maître et lui s'est glissée une glace acoustique déformante. C'est vrai, l'élève et le professeur ne sont pas sur la même longueur d'onde. La raison en est simple : ce n'est pas le même mot qu'ils entendent.

Les plus intelligents compensent alors, en s'appuyant sur le contexte linguistique ou en tentant de reconnaître le phonème à travers sa déformation.

N'importe quel spécialiste ORL conviendra que les « otites à répétitions » déclenchent, à la longue, chez l'enfant des ruptures profondes de ses capacités auditives. Les sons ne lui parviennent qu'à travers un filtre produisant des ruptures dans certaines zones de fréquences, localisables sur l'échelle audiométrique mesurée en Hertz, unité de mesure universelle de l'audition. Les fréquences les plus touchées risquent d'atteindre la zone dite « conversationnelle », celle où la langue doit être perçue et analysée à la perfection. Il se crée ainsi, au fur et à mesure, des « plages » à fautes d'orthographe. Une défaillance dans la zone des 600 Hz, par exemple, ne permet plus de différencier parfaitement un « K » d'un « GU ». L'enfant confondra donc la perception de ces deux phonèmes. Plus exactement, il entendra un « K » à la place d'un « GU ».

Si vous lui dites : « Guy qui rit et Guy qui pleure », il entend : « Ki qui rit et Ki qui pleure », il comprend et écrit : « Kiki rit et Kiki pleure. » La phrase ressort avec les mêmes déformations quand on lui demande de la répéter à haute voix. Mais — et c'est plus surprenant — quand il rencontrera ce fameux « Guy » sur la chaîne écrite — au cours d'un exercice de lecture — son blocage auditif, s'il est ancien, l'empêchera de prononcer correctement ce prénom. Ce son qui n'a jamais été « intégré » par l'oreille, reste, sur le papier, comme une lettre morte devant laquelle, l'enfant s'arrête, bredouille, bafouille, revient en arrière et finit par sortir un phonème approximatif.

On a longtemps cru que les difficultés de lecture venaient de la trop grande ressemblance graphique entre certaines lettres. L'écriture suppose une très grande virtuosité de la « micro-motricité » et, c'est vrai, les lettres se présentent d'abord comme un ruban indéchiffrables de signes cabalistiques. Le « p » et le « b » représentent la même figure inversée, le « m » est la simple adjonction d'un pont au « n »... Mais, que sont ces détails en comparaison des subtilités auxquelles l'oreille doit être attentive pour différencier les sons ? Entre la reconnaissance graphique et auditive il y a l'écart entre le travail d'un bûcheron et celui d'une dentellière.

Dans le cas précédent, la différence entre les deux sons est vraiment minime. Elle repose sur « l'attaque du phonème ». Dans le premier on entend : « nnn..GU ». Dans le second, l'attaque est franche, directe : « QU ». Quand l'oreille ne perçoit pas cette subtilité, elle donne l'impression d'écraser le premier sur le second. En fait, elle le raccourcit en éliminant les « nnn » laryngés qu'elle ne perçoit ni n'intègre dans le GU. Il ne reste que le phonème abrupte : QU. L'enfant entend-il d'ailleurs un « QU » bien identifié ? En fait, il fabrique un phonème bien à lui et se crée un univers de sons « parallèles », qui ne correspond jamais tout à fait à ce qui est émis ou reçu. Imagine-t-on les incroyables mécanismes intellectuels que cela suppose pour maintenir, malgré tout, la communication ?

UN PETIT ZOZOTEUR NOUS MET LA PUCE À L'OREILLE

Dans le « zozotement » — si caractéristique avant quatre ans — le jeune enfant échappe à l'analyse auditive des aigus. Il confond toutes les sifflantes. Au petit zozoteur-zozotant-tout-ce-qui-passe, demandez de répéter après vous le mot « chambre ». Il répondra — en raison de sa déformation auditive spécifique : « Ambre ». Continuez le dialogue et dites-lui, par exemple :

— Vas dans ta « Ambre »...

D'un air étonné (ou courroucé si vous insistez), il lancera alors :

— Non... dans ma « Ambre ».

Ce dialogue psychédélique a une explication phonétique. Le « CH » original n'a pas échappé tout à fait à l'oreille de l'enfant. Il en reste un bout, mais qui nous est devenu imperceptible à nous. Le phonème de départ s'est transformé en un autre auquel seule l'oreille de l'enfant est sensible. Si le trouble se prolonge, ce « son inouï » (pour le reste de l'humanité !) deviendra, sur le papier, une sorte de lettre inédite. La perte d'audition dans les aigus entraîne ainsi une glissade vers une future faute d'orthographe.

Il est très facile de reproduire cette expérience en laboratoire, grâce à un casque supprimant la perception des aigus dans une zone bien déterminée. Nous retrouvons ainsi les conditions d'audition d'un « petit zozoteur ». J'invite souvent les parents à constater de cette manière concrète les difficultés de leur enfant... pour mieux le comprendre. Je leur soumets alors une dictée bourrée de sifflantes et leur fais constater, après l'expérience, les « incroyables » fautes d'orthographes qu'ils ont commises.

L'histoire de ce petit zozoteur est celle de tous les enfants qui ont des troubles du langage. Il y a une corrélation — directe, dans ce cas, mais souvent plus subtile — entre ceux-ci et l'oreille.

Chaque défaut de l'écoute se répercute dans des difficultés d'apprentissage. Tel enfant absolument normal à la maison devient, en classe, un redoutable dysorthographique. Les parents ont vite fait d'accuser le maître, l'établissement scolaire ou la méthode pédagogique. L'école fonctionne comme un puissant révélateur des blocages antérieurs.

Le « Test d'écoute » que j'ai mis au point voilà des années permet de les déceler. Il met en évidence sur un graphique non seulement les potentialités de l'oreille en matière d'audition, mais ses anomalies d'ouverture de l'analyse fréquentielle. Il rend compte des fermetures, des barrages et des blocages... « Le test d'écoute » est ausssi précis pour l'audition qu'un fond de l'œil pour la vue, avec toutes les explorations fonctionnelles qui lui sont associées : vision, accommodation, réaction à la lumière, convergence, etc. Malheureusement, les spécialistes des problèmes d'apprentissage (pédagogues ou médecins scolaires) utilisent fréquemment ce dernier et font l'impasse sur le premier.

Ce test nous aide à prévenir le degré potentiel de dysorthographie d'un enfant. On peut, si on le désire, déduire, à partir de simples courbes, le type de mots ou de règles orthographiques sur lesquelles il butera. A l'inverse, une dictée bourrée de fautes nous permet de reconstituer la courbe auditive de l'élève. La corrélation peut être considérée comme allant de soi. Ces phénomènes sont tellement automatiques que nous n'y prêtons plus attention, car au fond, la solution du problème passe par l'éducation de l'oreille.

Les thérapies qui prétendent soigner la dysorthographie en restant au ras de la page et qui considèrent la lettre comme un simple phénomène d'écriture courent à l'échec. La lettre est identifiée par le lecteur en raison de la sonorité qui la caractérise et qui permet de l'identifier.

OÙ L'ON APPREND QUE LA GRAMMAIRE EST NEUROLOGIQUE

Les parents estiment souvent que les difficultés de leurs enfants sont dues à la trop grande complexité d'apprentissage du français. Notre langue a mauvaise réputation. Difficiles à maîtriser, les règles de notre grammaire seraient « incohérentes, trop nombreuses, contradictoires... ». Certes, le français a une longue histoire, mais quelle langue n'en a pas ? Les mots vivent. Leur étymologie a rendu l'orthographe complexe, semant la lecture d'embûches, accumulant les pièges. Régulièrement, tel le monstre du Loch Ness, on voit réapparaître une vieille lune : la réforme de l'orthographe.

Certains spécialistes prônent la simplification et l'institution d'une « écriture phonétique » généralisée. Après tout, si toute l'écriture l'est — c'est du moins ce que nous affirmons —, pourquoi ne pas pousser ce raisonnement jusqu'au bout ? Il faudrait alors envisager autant de possibilités pour un mot qu'il y a de distorsions auditives ! En fait, l'application « à la lettre » de ce système entraînerait la justification... des fautes d'orthographe, puisque celles-ci, nous l'avons expliqués, sont la retranscription phonétique exacte de l'écoute du dysorthographique. Si on suivait les injonctions « réformistes », chaque mot ainsi « dysorthographiquement » transmis serait à son tour intégré de manière distordue. En peu de temps, de corrections phonétiques en corrections phonétiques, on obtiendrait une sorte de dysorthographie au carré. Ce serait jeter le bébé avec l'eau du bain ! Le français deviendrait alors illisible. Le minimum de fautes d'orthographes, c'est la langue bien intégrée, le maximum, la généralisation de la phonétique appliquée à chaque cas.

On peut décréter que « oiseau » s'écrira avec Z et un O (oizo) pour en faciliter l'écriture et la lecture. Mais, très rapidement le mot cherchera à retrouver sa fondamentale sonique. Car, chaque caractère (lettre, signe) a sa raison d'être. Il représente les subtilités et les rythmes de la langue intégrée dans un pays en fonction d'une histoire, d'une culture... et d'une oreille.

Amusez-vous à parler français avec l'accent américain ou italien. En quittant notre phonétique, vous épousez un nouveau rythme et déjà un nouveau vocabulaire. Accélérez le débit : ce sont des mots nouveaux qui vous viennent à la bouche. Les enfants, les imitateurs, connaissent bien ce jeu qui, nous poussant hors de notre langue d'origine, nous en font découvrir une autre spontanément. C'est l'amorce de l'apprentissage des langues étrangères.

Ainsi, chaque langue a son train d'ondes acoustiques particulier que l'on reconnaît sans le comprendre. Son orthographe, sa grammaire en font partie. Elles ne constituent pas un ensemble de règles arbitraires plaquées sur un idiome comme des parasites, des prothèses ou des filtres déformants. Elles sont l'expression de sa vie. La linguistique moderne a fait de chaque langue, de chaque langage même, une « structure » coupée du reste du monde et dont l'arbitraire est la règle. Or, chaque univers linguistique a une dimension « psychologique » difficilement réformable. Plus on nuance la syntaxe, le lexique, plus on rend la langue sensible à son « train d'ondes » particulier. Plus on affine l'oreille qui la contrôle, plus on l'enrichit.

Il existe des records chez les dysorthographiques. Certains sont de véritables champions et leurs dictées — après être passées entre les mains du professeur — reviennent régulièrement avec quarante corrections, parfois plus. Ce sera le cas de notre petit « zozoteur » si, au moment de sa scolarité, il ne s'est pas débarrassé de son handicap.

Mais, si on lui donne la possibilité d'ouvrir son oreille à la reconnaissance des « sifflantes » — il ne progressera pas en remontant lentement la pente, passant de la borne des trente-neuf fautes à celle des trente-huit, etc. Il avancera par bonds et, en quelques séances, n'en fera plus que dix ou douze.

On s'aperçoit également que cette reconquête de l'orthographe déborde largement le territoire gouverné par les sifflantes. La « libération » s'étend sur les zones périphériques. La grammaire et la syntaxe sont également touchées. Telle une armée victorieuse, l'enfant progresse sur tous les fronts. C'est une source d'étonnement permanent pour les parents et certains enseignants.

Qu'en identifiant mieux les phonèmes, notre petit zozoteur puisse les retranscrire plus précisément, cela se comprend aisément. Que l'ouverture de son oreille assure la perception des autres sons dérivés, passe encore... Mais la syntaxe ? mais la grammaire ?

Il y a deux explications à ce « mystère ». La première est simple. Presque mécanique. A l'époque de la dysorthographie, les enseignants, les parents se sont évertués à faire apprendre à cet incorrigible cancre des listes et des listes de mots et de règles à recopier cent fois et à apprendre par cœur. A l'époque, il ne pouvait pas les utiliser correctement, souvent faute de temps. Aujourd'hui, elles tombent sous le sens et n'aboutissent plus dans l'oreille d'un sourd. Elles ressortent, naturellement comprises et appliquées.

La seconde est plus subtile et nous introduit au cœur même de l'écoute humaine. La grammaire et la syntaxe existaient bien avant l'invention de l'écriture et de la lecture. Elles sont intrinsèques à l'écoute de la langue. L'oreille « entendue » dans un sens qui dépasse largement celui de la simple audition, les a intégrées.

Aussi, l'homme ne découvre pas une règle en matière de langage si elle ne veille pas au fond de son système nerveux. Elle préexiste puisqu'elle est le soutien de son discours. Il peut ainsi parler sans pour autant connaître la règle. La grammaire est neurologique avant d'être cet article du code de la langue dans laquelle nous l'avons enfermée. Son contrôle semble pourtant plus délicat, voire plus incertain que celui de la phonétique. Une dictée accélérée — jusqu'à une vitesse presque insupportable — révèle qu'on perd la maîtrise de la phrase en premier, les fautes de « sons » arrivant en dernière position.

L'usage a souvent associé la maîtrise de la grammaire à la culture et à l'intelligence. « Bien parler, bien écrire le français » serait réservé à quelques grosses têtes ou aux hommes en vert de l'Académie. Je connais cependant des dizaines d'hommes et de femmes qui n'ont pas eu la chance de dépasser une scolarité élémentaire et qui ont vécu dans des milieux modestes. Les écouter, les lire est un véritable plaisir et une fête de l'esprit.

Des enfants, considérés come « débiles légers », rendent parfois des dictées écrites dans un français techniquement impeccable. En revanche, un surdoué peut multiplier les fautes. Le premier (« les idiots n'ont pas d'état d'âme » dit-on) ne comprend rien à ce qu'il écrit, le second se trompe en tentant de surmonter son handicap.

LA DÉLICATE POSITION DU TIREUR MAL ASSURÉ

Jusqu'à l'arrivée et la généralisation des mathématiques modernes, un enfant sur son bulletin trimestriel pouvait avoir des notes catastrophiques en français et conserver toute sa fierté car, il était « bon en calcul ».

Il y avait d'un côté les « matheux », de l'autre les « littéraires ». L'école avait l'air de s'accommoder de cet état de fait séparant deux mondes distincts et aussi glorieux l'un que l'autre. Cette situation n'était que passagère et, somme toute, relevait d'une conception relativement moderne de l'enseignement puisqu'elle datait du XIXe siècle. Elle avait institué une division artificielle du genre humain.

Jadis — sous les Grecs — la grammaire et les mathématiques faisaient partie du même « paquet », celui de la philosophie. Dans certaines langues, comme l'hébreu, par exemple, les lettres et les chiffres s'écrivent de la même manière.

L'arrivée des mathématiques modernes a retrouvé une vieille tradition. Car aujourd'hui, tout se lit. Tout se déchiffre. Voilà qui n'arrange pas nos pauvres dyslexiques qui deviennent dans la foulée dyscalculiques. A l'inverse, quand un mauvais élève en français remonte la pente, il progresse ipso facto en calcul.

Les ponts sont rétablis, textes littéraires et formules mathématiques se lisent comme des propositions où se mélangent indifféremment les chiffres et les lettres. Pour les comprendre, il faut un incroyable sens de l'abstraction. La lettre a pris le pas sur le chiffre et c'est elle qui a le dernier mot.

Il y a pourtant des troubles spécifiques à la dyscalculie. On la traite d'ailleurs avec des méthodes particulières. C'est une mauvaise représentation du corps qui est à l'origine de ce trouble. L'arithmétique suppose acquise l'idée de progression — singulièrement celle qui va de gauche à droite — et la géométrie celle de localisation dans l'espace.

Un enfant, hésitant dans ses mouvements et dans son langage, ne dispose pas d'une bonne latéralité. Il confond la droite et la gauche, a perdu le sens de l'orientation, dispose d'un mauvais équilibre et reste perplexe devant le choix d'une direction. Il comprend difficilement que le mouvement s'oriente dans un sens. Les notions d'avant, d'arrière restent également pour lui très floues. L'idée d'une progression arithmétique lui sera donc complètement étrangère.

Ayant perdu ses repères, l'enfant « non latéralisé » est incapable de situer l'objet. Il a l'air de lui faire face. Mais, est-il plutôt à droite, à gauche, de profil, en second plan, de côté ? Impossible de le situer. Que peut-il connaître de la différence entre un carré et un losange ? entre un rond et un ovale ? Impossible de définir.

Il est comme un tireur visant une cible depuis un échafaudage secoué par une tempête. Tout se met à trembler. Il rate, alors que son camarade fait mouche à chaque coup.

VII

DES MOTS QUI COINCENT

OBEISSANCE, AUTORITÉ, SACERDOCE, VOCATION

« L'enfant voit le monde comme un adulte »... Aujourd'hui, fort de cette idée reçue, il est plongé dès ses premiers vagissements dans le monde des grands. « Pourquoi lui cacher la vérité ? N'y-a-t-il pas droit, lui aussi ? » Alors, le nourrisson quitte son couffin de plus en plus tôt. Le poste de télévision a remplacé la nourrice et l'appartement n'a plus de secret pour lui. Il reste planté des heures devant l'écran et erre le reste du temps, à quatre pattes, d'une pièce à l'autre. C'est un petit homme, n'est-ce pas ?

« La télévision est une ouverture sur le monde, autant l'habituer tout de suite ». Louable intention... Parfois, on s'émerveille, car « il a reconnu une publicité ». C'est formidable. Mais, prenons place à côté de lui, glissons-nous, un instant, à l'intérieur de son regard. « Le petit écran » est devenu soudain « panoramique ». Il s'est transformé en une mosaïque dépourvue de significations. En fait, les images que reçoit l'enfant sont aussi inaccessibles que ses rêves. Il ne peut s'y projeter, car il n'y reconnaît pas ses préoccupations, mais par contre il se sent conduit, comme guidé vers des activités qui lui sont imposées par la pression exercée par la succession des images qui lui sont délivrées.

Le parc à jeu est devenu, pour certains parents, une insupportable entrave aux mouvements de leur enfant. C'est pourtant un de ses premiers univers, adapté à sa motricité et à sa taille. Pourquoi l'avoir supprimé ? L'enfant passe progressivement des bras de sa mère à son parc, du parc à sa chambre, de sa chambre à la maison... C'est son rythme, c'est sa liberté. Un jour, il s'ouvrira à l'école, rencontrera la société, le monde... Un environnement mal adapté, trop grand, trop lointain, effraie l'enfant. Il ne communique pas « comme les grands », et le signal d'alarme qu'il envoie est imperceptible. Que fait-il ? Il panique, freine et se bloque. Parfois pour toujours.

Mon métier m'a appris qu'à l'origine des troubles révélés au moment de la scolarité, il y a de ces petites fermetures devant un univers jugé — par le regard d'un enfant — hostile et « déboussolant ». Les adultes n'y sont pas sensibles. Et pour cause !

« Aujourd'hui, le monde est fou », voilà un lieu commun que nous entendons tous les jours. Mais, de tous temps il y a eu des prophètes de la décadence et de l'apocalypse. Je n'en fais pas partie. En réalité, nous sommes toujours dans la même pagaille. Rien n'a changé, sinon la perception que nous avons de ces bouleversements. L'homme, pendant des générations, a vécu protégé par de petits noyaux. La proximité était la règle. On vivait en famille et dans la même région. Le village d'à côté barrait un horizon sécurisant. L'école était la seule porte qui ouvrait sur le monde. Mais elle le faisait avec mesure, laissant à l'enfant le temps de grandir.

Soudain tout à changé. Les peuples se sont rapprochés, suite au bond démographique, et l'information a explosé, nous donnant du monde une image brutale et impitoyable. Et là, nous avons fait une erreur. Pouvait-on l'éviter d'ailleurs ? L'enfant, bombardé d'images, se retrouve de plain-pied en face d'un monde que les adultes ne savent pas expliquer. Grâce à la télévision, il en sait souvent plus que ses parents. Autrefois, il prenait progressivement conscience de son devenir. « Un jour, quand je serais grand, j'y arriverai », se disait-il devant les mystères de la vie. Il est aujourd'hui plongé dans la marmite, sans qu'on lui ait appris à nager. Son premier mouvement est de nous juger, son premier mot, de dire « non », son premier geste, de fuir. Il est incapable d'intégrer un monde qui se donne dans un brouhaha sans signification.

Avec ses jeux, son babil, ses premiers mots, le nourrisson construit un univers à sa mesure. Il apprend à dominer où à fuir des forces qu'il perçoit comme bénéfiques ou maléfiques dans une dynamique de construction de lui-même et de rencontre avec les autres.

C'est, au départ, un fragile édifice de sable et les barrages sont encore précaires. Arrive une vague un peu trop forte... L'enfant a besoin de sécurité pour appréhender progressivement son environnement.

Tout bébé, il a pris conscience qu'il disposait d'un moyen de défense très efficace. Devant une situation qu'il ne peut pas intégrer à son univers, il se ferme... Lâché dans une maison trop grande, lancé dans un déménagement mal annoncé, balloté entre ses deux parents après un divorce ou une séparation, il perd ses mécanismes d'orientation, ses repères et ses propres limites.

La peau est notre première et dernière limite. On s'en croit prisonnier. Mais, la chance que nous avons de pénétrer dans le social prouve que ce n'est pas vrai. Nous sommes extensibles à l'infini. La relation à l'autre se fait par projection grâce au langage, à l'énergie que nous dégageons, à notre « aura » personnelle... Nous apprenons à structurer un univers qui peu à peu nous « colle à la peau » et nous fait... décoller de nos premières limites.

L'enfant est fragile, disions-nous. Mais, il est aussi curieux de tout. Il apprend n'importe quoi, très vite, si l'on part de ses préoccupations. Mais, sommes-nous capables d'offrir à l'enfant ce qu'il demande et ce qu'il peut intégrer ? Placé devant une cathédrale, avec sa petite taille, il n'en verra que le porche ou les marches du parvis. Qui l'invite à lever les yeux pour découvrir la vue d'ensemble et avec elle, peut-être, s'interroger sur la spiritualité qui a permis de la construire ?

Aujourd'hui les parents se demandent : « Pourquoi sortir, puisque le monde vient à nous par la télévision ? Personnellement, je préfère inciter les enfants à engager le contact avec la nature et leur environnement. Ils y retrouvent le prolongement de leur univers et la source d'une créativité toujours renouvelée, car elle reste à leur mesure.

Cette pédagogie de proximité n'est pas bornée. Elle dépasse vite le cadre de la famille. Trop vite pour les parents qui ont fait de l'enfant « leur chose ». Mais, elle demande un esprit d'ouverture au monde et une connaissance précise de l'évolution personnelle, quasi neurologique, des enfants.

Un vieux bonhomme vivait, il y a 2 500 ans, en Egypte. Le Nil — pendant ses fameuses crues — déborde et inonde les champs.

Comment faire pour retrouver ceux-ci ? Comment aider les paysans ? Il eut l'idée de poser des poteaux à bonne hauteur, de calculer ainsi les surfaces à partir des angles et de déterminer les lois de l'arpentage. Il s'appelait Thalès et venait d'inventer son fameux « Théorème ». Expliquée brutalement, cette règle de géométrie ne concernerait que les cinq premiers de la classe. Racontée d'une manière concrète, elle devient une belle histoire frappant l'imagination de tous les élèves.

Un enfant est incapable de comprendre des termes aussi abstraits que « sujet » ou « attribut ». La linguistique moderne, en rebaptisant ces termes sous la nouvelle appellation de « syntagme » et de « prédicat » n'a fait que créer un jargon de plus.

Mais un enfant peut accéder aux règles les plus complexes de la grammaire si on lui présente comme un jeu les rapports existant entre les éléments de la langue. S'éloigne-t-on réellement de son véritable fonctionnement ? L'image d'un train fera très bien l'affaire, pour expliquer le jeu logique des propositions entre elles, La locomotive qui entraîne le convoi et par sa force l'empêche de dérailler, le wagon restaurant, l'espace-jeu, le bar, les couchettes... Cette allégorie peut être filée à l'infini. Grâce à elle, le professeur explique le jeu des phrases entre elles, dans un texte ou une conversation. Il montre comment une mécanique aussi complexe est faite pour rouler sans problème.

Cette « technique » est valable pour expliquer les lois les plus sophistiquées. Valéry — dans « L'idée fixe » — n'a-t-il pas mis à la portée d'un élève de troisième la « Théorie de la relativité » ?

Cette démarche va à l'encontre de nos préjugés. Le pédagogue n'obtient rien de l'enfant en l'obligeant à apprendre. En fait, il doit se contenter de contrôler ses connaissances et de les actualiser en permanence. Comme un cristal quand on l'inonde de lumière, l'enfant absorbe, réfléchit et renvoie.

Il demande une attention constante. Il ne faut pas le lâcher. Il faut toujours vérifier si le reflet est en harmonie avec la source. S'il ne suit pas bien, si sa réflexion n'est pas en harmonie avec la source, cent fois le professeur reviendra sur le métier, surtout quand il s'agit d'inculquer ces mécanismes qui sont à la base de l'apprentissage : la lecture et l'écriture.

Entre les élèves, il y a des différences. Elles ne sont pas dues à l'intelligence, celle-ci étant, comme chacun sait, « la chose du monde la mieux partagée ». Mais certains, en fonction de leur histoire, ont accumulé des retards, se sont fabriqué des blocages... Le professeur — c'est son rôle — doit en libérer l'enfant, en s'appuyant sur ses centres d'intérêt.

Un jour, dans mon cabinet, je recevais un petit enfant autiste et ses parents. La thérapie allait son train et donnait déjà de bons résultats. Le père, se tournant vers son fils devenu un peu trop bruyant lui demanda s'il savait ce qu'obéir voulait dire. Celui-ci, d'un air éveillé, lui répondit : « Oui, c'est écouter la maîtresse. »

Voilà une phrase profonde et une belle définition de l'obéissance. Il est vrai que ce mot choque, qu'il est insupportable parce qu'on en a perdu la signification. Notre petit autiste vient de nous la rappeler avec un surprenant sens de l'à-propos. Obéir, contraction particulièrement serrée de « Ob Aud Ire » signifie en fait « aller vers ce que l'on écoute », dans une adhésion délibérée, volontaire et consentante.

Quand un enfant comprend la règle, il ne s'y soumet pas, il y adhère et la fait sienne. Les problèmes d'autorité disparaissent. Que l'on se soucie de redonner à ce mot son poids d'origine et l'on aura une application très complète de la règle dite « d'obéissance ». Aujourd'hui, elle est vécue comme une contrainte, de même le travail comme une torture.

Un enfant qui n'*obéït* pas (qui ne va pas vers l'écoute de l'autre) reste perdu dans son propre monde. C'est le cas de notre bébé errant dans une maison trop grande pour lui ou hypnotisé par des images qui ne s'adressent pas à lui. Cette liberté qu'on croit lui donner provoque une angoisse considérable et le désir de se fermer, peut-être de se détruire.

Des antagonismes se sont créés entre les enseignants et les parents. Pourtant, le premier pédagogue, c'est le père, qui donne à l'enfant le désir de devenir et lui ouvre les portes de la maison afin qu'il découvre la connaissance. Si le père est absent, muet de langage et de cœur, trop absorbé par ses préoccupations sociales, l'enfant verra s'étioler son enthousiasme à devenir. Il se réfugiera dans un univers où le plus souvent la Télévision tient un rôle majeur. Ces acquisitions, dès lors, seront étrangères au savoir du père et ce dernier aura alors peu de chances de répondre à cet appel initial lancé par l'enfant, pour qu'un jour il puisse entrevoir un véritable envol dans son périple d'homme.

Le maître est l'extension du rôle paternel et — dans le meilleur des cas — un excellent substitut. Dans une configuration idéale, il agit donc en bonne collaboration avec la famille. Mais, si le nucleus familial n'a pas apporté une image paternelle « minimale », des bataillons de dyslexiques et d'enfants en difficultés scolaires se bousculent dans les classes.

Chez les Anciens, d'ailleurs, le pédagogue était un esclave (... du père !) spécialisé dans l'éducation. Ne l'imaginez pas pieds et poings liés ou fouetté suivant le bon plaisir de son propriétaire. Là aussi, les mots font barrage. Esclave, signifiait : « au service de ». L'enfant prend le maître pour exemple. Il se modèle sur son discours et, comme lui, en module les phrases qui le constituent. Mais le maître reste seul au service de l'enfant pour le mener sur le chemin de la vie. C'est une boucle, un véritable « contrôle des connaissances » où l'éducateur ne doit jamais oublier le pôle d'intérêt de l'élève. Il n'est là que pour faire progresser ses mécanismes d'apprentissage, les rendre de plus en plus efficaces, en aidant l'enfant à s'ouvrir sur le monde.

Même si aujourd'hui le professeur est sous-estimé, dévalorisé, il a la plus noble des missions : celle d'aider un être à se construire non seulement en lui apprenant des choses, mais en lui révélant pourquoi il est fait. Cet état d'esprit ne relève pas de sa formation au sens strict. Elle suppose — sur le plan de la fonction — un véritable sacerdoce.

Le système actuel contraint les enfants à décider de leur avenir de plus en plus tôt... pour justifier, sans doute, un système de sélection dont les ravages sont bien connus. Comme si assumer son devenir était facile ! Tout le monde veut être pilote de Formule 1, joueur de football ou grand professeur de médecine. Mais les raisons de ce choix (l'argent et la puissance en général) sont dictées par des motivations qui contredisent la véritable nature de ces activités.

Aider un enfant à trouver sa voie, c'est autre chose... Une « vocation » est faite de mille petites choses qu'aucun test d'orientation ne peut déceler. Il s'agit de l'écoute de ses raisons de vivre, qui vont bien au-delà des ambitions sociales de l'adulte. Et cette écoute est là pour aider l'enfant à saisir la petite voix intérieure qui lance un appel au plus profond de lui.

Cette pédagogie demande au professeur de se casser un peu la tête pour adapter son enseignement aux préoccupations de l'enfant. Elle n'en réduit ni la portée ni la progression, et elle n'entraîne aucune réforme profonde de l'Education. Donnons simplement au maître plus de temps, plus de responsabilités... et moins d'élèves.

La classe idéale est composée de douze élèves. Pas de trente. Ce chiffre répond à des lois aussi universelles qu'inexplicables. On les retrouve dans l'armée, dans les ordres religieux... partout où un groupe humain travaille ou vit en collectivité. La règle est simple, têtue et impérative. Au-delà de ce nombre, le message ne passe plus et la dynamique du groupe s'écroule.

L'idéal, c'est l'enfant seul avec son maître. Il n'est pas interdit de rêver. Avec l'arrivée du deuxième, la situation se gâte pour se redresser au septième. Le rendement optimal commence à ce chiffre. Mais l'utopie continue : il n'y a pas assez de maîtres, pas assez de places. Il est vrai que les très grands pédagogues se moquent du nombre d'élèves dans leur classe, car ils donnent à chacun l'impression d'être unique.

« Classes surchargées », « trop plein d'effectifs », la rentrée amène chaque année ce cortège de litanies. Mais, s'il y a trop d'élèves dans les classes, que dire de ce cortège d'auxiliaires qui entourent le maître d'école dans sa mission pédagogique ?

Psychologues, psychothérapeutes, psychomotriciens, orthophonistes... La marge laissée à l'enseignant devient de plus en plus étroite, et son territoire se réduit chaque jour... Quand un élève lui échappe, aux yeux et au su de tous ses camarades, il se sent floué. On le surprend en position d'échec. Mis plusieurs fois en porte-à-faux vis-à-vis du reste de la classe et des parents, il a parfois envie de baisser les bras. Ainsi se multiplient des situations fâcheuses pour l'enfant (ce n'est pas drôle de quitter une scolarité normale et de passer pour un cas) et pour l'enseignant, qui passe pour un incapable.

Priver le maître de ces aides précieuses qu'une meilleure connaissance de la psychologie a mises en place serait également stupide. Autour de lui, mais derrière un écran et en arrière-plan, ne pourrait-on pas constituer un pool parallèle qui laisserait à l'enseignant la plénitude de son rôle ?

Ce véritable Conseil pédagogique, composé de spécialistes serait à même d'éclairer le professeur en lui recommandant certaines actions en faveur d'un élève en difficulté d'apprentissage, ou d'un autre enfant handicapé par des troubles d'expression. Il permettrait au maître de sauver la face (c'est le minimum et le moins important), de rester seul à bord et surtout, d'avoir son mot à dire pour le bien de l'enfant.

L'ENFANT DANS LA MARMITE

Un jour, l'homme a découvert un support fabuleux pour la connaissance : la lecture. Le savoir a pu sortir du cercle étroit du discours parlé et accéder ainsi au plus grand nombre.

Mais, deux cents ans avant Platon, on n'écrivait toujours pas en Grèce. Cela montre à quel point l'élite de ce peuple avait été capable d'intégrer l'univers avant de le transcrire.

L'écriture n'a pas changé le rapport de l'homme à la connaissance. Quand Aristote s'exprimait, les trois quarts de ses disciples présents dans l'assistance décrochaient et pour tous ceux qui l'avaient écouté, il passait pour « hermétique ». Mais, quelques siècles plus tard, Einstein était également incompréhensible aux yeux ou plutôt aux oreilles des mathématiciens, qui restaient sourds à sa théorie de la relativité. Dans les deux cas, il s'agit de machines humaines fonctionnant à plein régime, selon un même processus de décodage et d'intégration.

En fermant la porte aux mécanismes de base que sont ceux de la lecture et l'écriture, nous sommes en train de gâcher des générations entières de cerveaux et de compromettre des passages à la culture.

L'accès à la culture n'est pas un privilège, même pas un droit : c'est notre nature d'homme né pour communiquer. Je connais des agriculteurs, des concierges qui ont une culture formidable, car ils ont en eux le désir et l'amour de la lecture. Avec notre cerveau nous pouvons refaire chaque jour le monde, l'élaborer, le repenser en permanence. Nous sommes nés pour cela.

VIII

LA DISLOCATION DE LA FAMILLE

LES EFFETS DE LA DISLOCATION DE LA FAMILLE

Les statistiques nous le disent : la famille d'aujourd'hui est une structure qui vit une véritable révolution. Le mariage est passé de mode et jamais les divorces n'ont été aussi nombreux. Mais, quand le couple se sépare, l'enfant, lui, se divise en deux. La rupture ne brise pas seulement une histoire entre deux êtres (ce qui ne serait pas trop grave), mais pour le petit enfant, elle est le signe de la fin d'un monde, de l'effritement d'une symbolique dans laquelle il s'était bâti un univers.

Les subtilités juridiques qui permettent aux deux parents d'alterner leur « tour de garde » n'y feront rien : 50 % du capital génétique amené par le père « lâchent » l'autre moitié provenant de la mère. C'est — neurologiquement parlant — de la vivisection.

L'enfant subit doublement cette situation de crise. Elle change d'abord ses habitudes de vie. C'est vrai que, dans ces situations, il est souvent, pour les adultes, le cadet de leurs soucis. L'enfant devient une sorte d'objet de déménagement permanent, comme une plante verte qu'on s'échangerait avec la recommandation de ne pas oublier de l'arroser. Pourtant, ce n'est pas le plus grave. L'enfant a suffisamment de ressources en lui pour s'en tirer tout seul et la loi lui donne aujourd'hui des droits, notamment celui d'exprimer son choix. Le plus grave — et c'est la deuxième conséquence —, c'est qu'il se sent tiré à hue et à dia à l'intérieur de son corps, dans son système nerveux, jusqu'au fin fond de son capital cellulaire.

Mais pourra-t-il l'exprimer ? Et, peut-on mesurer l'impact d'un divorce sur lui ?

Avec ces propos, je ne bats pas le rappel pour une croisade d'arrière-garde contre un état de fait et, d'un point de vue historique, une nouvelle liberté. Je pense à l'enfant, éternelle victime du manque de responsabilité des adultes. Le moindre mal serait une « séparation à l'amiable ». Mais, si tel était le cas, il n'y aurait pas... de divorce. Et la situation psychologique resterait la même pour l'enfant.

Certains parents ont choisi une autre solution : le divorce clandestin. J'ai reçu, un jour, un couple séparé depuis de longues années mais qui avait caché cet état de fait à leur enfant unique. C'était d'ailleurs la raison de leur présence dans mon cabinet. L'enfant — âgé de 18 ans — vivait une profonde dépression et était plongé dans la drogue jusqu'au cou. D'après les parents, il ne se doutait de rien. La situation du père — diplomate international — justifiait ses très longues absences ponctuées de quelques courtes visites pendant les vacances. Je n'ai pas eu de mal à leur montrer que l'enfant savait tout, depuis le premier jour. C'était d'ailleurs l'origine de ses problèmes. Son sentiment de déchirement n'avait même pas une réalité sur laquelle s'étayer pour en faire diminuer les effets ravageurs. Les parents lui avaient arraché la symbolique paternelle. Ce jeune homme n'avait en fait jamais rencontré son père.

L'enfant n'a besoin ni d'informations verbalisées ni de situations de crise pour prendre conscience des subtilités d'une relation psychologique. Il la sent et il est capable d'en parler, au grand étonnement des parents ! Certains, ayant adopté un enfant en bas âge, viennent me consulter pour me demander comment lui expliquer qu'il vit avec des adultes qui ne sont pas ses « vrais parents ». C'est inutile, il le sait. Il suffit de l'interroger pour qu'il vous le dise. Sa véritable mère, il a eu neuf mois pour se familiariser avec elle. Pourquoi la confondrait-il avec une autre ?

L'enfant n'a pas besoin de voir ses parents pour les connaître. La mère, le père occupent chez lui une place symbolique précise et universelle. Des générations de psychanalystes ont eu beau retourner le problème dans tous les sens en découvrant des valeurs maternelles au père et vice-versa, la société a pu se donner l'illusion que la fonction sociale de l'une est interchangeable avec celle de l'autre. Les faits sont obtus et les enfants lucides.

Les représentations symboliques de la fonction paternelle et de la fonction maternelle ne varient pas. L'enfant les reçoit dès son état d'« embryo-fœtus », sans doute dès la fécondation. Ou quelques jours après, d'après les textes sacrés hébraïques qui affirment qu'à cet « âge » le petit être « entend déjà la Thora ».

La découverte scientifique récente de la vie intra-utérine implique que la mère est déjà « symbolisée », « intégrée » par le futur nouveau-né. Ces premières représentations (qui restent encore pour nous un mystère) l'associent à l'eau matricielle, véritable terre nouricière du petit être en formation, au passé et à toute sa dimension affective. Mais — plus que tout — la mère, c'est la voix, cette pâte sonore filtrée encore dépourvue de signification, la voix, présente, envahissante et génératrice d'énergie. L'oreille, en effet, est un des premiers organes développés par le fœtus. Elle fonctionne parfaitement et dès les premiers mois flotte en permanence dans un bain de jouvence : un univers de sons filtrés et adaptés à elle.

Un enfant qui connaît, par la suite, des problèmes de relation avec sa mère peut générer une pathologie de la voix. En coupant avec elle, il perd les fréquences aiguës de son spectre auditif, celles-là mêmes qui sont dominantes dans la vie intra-utérine. C'est en effet à ce moment privilégié que cette perception des aigus est particulièrement intégrée. Elle sera ultérieurement la trame, ou mieux le matériau, sur lequel le langage s'imprimera. L'enfant s'est réglé sur cette fréquence de base et c'est elle qui en fera les frais en cas de conflit ultérieur.

Avec la disparition des aigus, l'enfant ainsi handicapé perd également la perception et l'élocution de certains phonèmes qui leur sont liés. Les sifflantes, par exemple. Il zozote, accroche, le timbre de sa voix s'assourdit, les harmoniques deviennent moins riches. Il n'a peut-être pas perdu le langage, mais il a perdu sa voix... et sa voie ! Il garde en lui la nostalgie de cette « audition », idéale. Mais il l'a perdue deux fois : à la naissance et à l'occasion de ce nouvel effondrement.

Jusqu'à sept ans au moins, il n'y a que la mère — la mère biologique — qui compte aux yeux de l'enfant. Dans la foulée des mouvements féministes post-soixante-huitards, certains parents ont voulu renverser la situation familiale en instaurant la fonction de « père au foyer » pendant que la mère allait travailler. Le résultat ne s'est pas fait attendre : les enfants, privés de leur mère, devenaient odieux. Les adultes peuvent se tromper, pas les enfants. La maison, pour eux, est un sujet de rêverie privilégié, toujours associé à une symbolique maternelle, comme en témoignent les dessins qu'ils en font. Elle représente toujours la mère. Mais, la clarté qui l'inonde, les bruits qui la font résonner évoquent, eux, la présence paternelle. Son rôle n'est donc pas nul mais la véritable rencontre de l'enfant avec son père n'aura lieu qu'au moment où son langage est déjà bien structuré. Avant cette période, le père ne sert-il donc à rien ? Si, bien sûr, il a sa place, mais l'enfant ne l'a pas encore intégré dans son univers. Le père représente un parent, un frère de la mère, un oncle. C'est l'éternel espéré.

Un jour, pourtant, l'enfant aura vraiment besoin de son père, car c'est son père qui va lui délivrer le passeport pour le langage. Il ne parlait jusque-là que la langue de sa mère, enveloppé dans cette voix pour lui si familière, mais limité dans son expression. La véritable langue maternelle, ce sont les premiers gazouillis, les premiers sons que le bébé s'amuse à répéter à satiété, sans leur donner de signification mais en percevant déjà quel formidable pouvoir ils détiennent. Ce sont toujours les mêmes — dans toutes les « langues » du monde ; des phonèmes redoublés, bégayés : Mama, Pipi, Popo, Caca, Papa...

En délivrant ensuite la connaissance de cette véritable langue étrangère, de cette deuxième langue qui va se greffer sur la première, le père devient une rampe de lancement vers le social, la première grande ouverture à l'autre. Si l'enfant rate cette étape, où il joue son devenir, de nombreuses difficultés l'attendent quelque part, toutes liées aux échecs d'apprentissage ou de scolarité. Voilà donc quelle est la vraie responsabilité du père et voilà donc ce qu'un petit être attend de lui.

Quand la mère donne son cœur, le père offre son langage. La première aura droit à l'amour, le second au devenir.

Dans une « maison » désertée par la mère, l'enfant ne peut pas vivre. Mais si elle reste éteinte, vide de toute animation, il n'aura pas envie de se lancer vers le futur.

Un enfant de treize ans, profondément dyslexique, se présente un jour à moi, accompagné de ses parents comme il est d'usage dans ce genre de consultations. Je m'aperçois, à la lecture de son « Test d'écoute » qu'il avait été victime d'un profond traumatisme à l'âge de 3 ans. Je questionne le père, puis la mère à ce sujet. « Non, nous ne voyons pas » me disent-ils. Soudain, l'enfant resté muet jusque là prend la parole et explique « C'est quand vous m'avez mis en nourrice. »

Les parents étaient doublement surpris. D'abord que leur fils ait gardé au plus profond de lui-même un souvenir aussi lointain, ensuite qu'il se mette à en parler devant eux pour la première fois.

Cet événement, tout son être l'avait intégré comme une profonde blessure. Il s'était rendu compte qu'il perdait sa mère, à cet âge où l'on a si besoin d'elle. Pour lui, cela avait été une douleur terrible dont il portait toujours les traces dans son corps et dans sa mémoire.

Je ne prêche pas un retour des mères au foyer et je ne donne pas pour seule ambition aux femmes de procréer et de rester à la maison au milieu des couches-culottes. Je mets seulement les parents devant certaines de leurs responsabilités dans l'intérêt de l'enfant. Faire un bébé, c'est l'occasion de passer une bonne soirée. Donner toutes ses chances dans la vie à un petit bonhomme haut comme trois pommes, c'est une autre affaire. J'espère avoir déjà montré qu'il possède des antennes prodigieuses débordant le cadre du langage « stricto sensu » et faisant appel à l'intuition. Elles le rendent capable de tout percevoir et de tout retenir. Mais, il ne faut pas oublier qu'il est un être fragile. Un rien peut freiner son irrésistible envie de s'ouvrir au monde.

Les femmes, en quelques dizaines d'années, se sont intégrées à la vie sociale. Elles y ont toutes leur place et y excellent à tous les postes et à tous les échelons. Il n'est pas question de les culpabiliser ou d'écrire un nouveau livre les incitant à « revenir à la maison ».

Quand la mère abandonne l'enfant pour ses activités professionnelles, que la maison au moins — si l'enfant peut y rester — ne soit pas vide de sa présence. Le parent ou la jeune fille au pair doivent la lui rappeler en permanence. Ce n'est pas toujours facile et, l'enfant en bas-âge est souvent conduit dans un autre appartement, loin de son foyer. La nourrice jouera à fond son rôle de « substitut » en évoquant souvent, au cours de la journée la mère « éloignée pour quelques instants et qui reviendra bientôt ». Qu'elle en parle tout le temps, qu'elle l'évoque dans ses jeux et ses autres activités. Je conseille aux mamans d'enregistrer leurs voix sur cassette et de la faire diffuser pendant son absence. Dans celles-ci, elles parlent à leur enfant comme si elles se trouvaient dans la pièce. Elles racontent des histoires, chantonnent... C'est souvent pour l'enfant une très grande source de joie.

Les garçons n'apprennent jamais à être père. Et c'est bien dommage ! Il y aurait toute une éducation à faire ! Aujourd'hui, on n'entend plus les enfants dire avec joie et admiration : « Papa me l'a dit »... Evidemment, le père ne parle plus, il ne sait plus quoi répondre à des questions de plus en plus précises. Il est largué !

D'une génération à l'autre, le langage change. Les mots du père ne sont pas ceux du fils. De plus, au cours de ces dernières années, le mouvement linguistique s'est emporté, laissant les parents sur le starting-block des anciennes significations. Des pans entiers de communication s'effondrent, et avec eux, les anciens bâtiments ont été engloutis, laissant place à de nouveaux édifices. Mais quand le monde accélère, pourquoi les pères feraient-ils du sur-place ?

Un éditeur serait fort avisé de sortir des ouvrages de mise à niveau ou de réactualisation des connaissances à l'usage des parents en difficulté de communication. Les questions posées par les enfants ont changé de registre. Avec l'arrivée de la télévision, les gamins sont souvent plus au fait de l'actualité, plus avertis et souvent plus dégourdis que les adultes. Notre société a renouvelé tous ses systèmes de communication (du téléphone à la télématique), les rendant beaucoup plus pointus, rapides et efficaces. Les enfants y sont très sensibles et se sentent à l'aise dans ce nouvel univers.

Régulièrement, certaines découvertes motivent immédiatement les enfants et laissent les pauvres pères sur le pavé. Ce fut le cas avec les mathématiques modernes et, plus récemment encore, avec l'informatique. Le verdict tombe très vite, impitoyable et cruel : « Papa ne sait pas... »

Le métier de père devient très dangereux. La rencontre avec lui est tardive et définitive. Il ne faut pas louper les balles qu'envoie l'enfant. Si le père ne les renvoie pas assez vite, on le laissera tomber comme un mauvais joueur de base-ball. Etre père c'est savoir parler à l'enfant, car le langage va être l'image du père.

Tout petit, l'enfant craint la voix de son père. Elle reste pour lui pendant longtemps le support de la première langue étrangère. Son oreille, réceptive aux sons aigus, supporte difficilement les fréquences graves qui abondent dans la voix d'un homme. Face à elle, il est comme un auditeur d'une station de radio brouillée et diffusée à pleine puissance. Impossible de décoder. Plus le père parle fort pour essayer de faire passer son message, moins l'enfant en a l'intelligibilité, et, si le père insiste en montant le ton, le nourrisson vit cet échange comme une véritable agression sonore. Il risque de se fermer définitivement, de rejeter l'image de cet être bruyant et incompréhensible. En se coupant de son père, il renforce son état de dépendance vis-à-vis de sa mère. Il restera dans ses bras plus longtemps. Certains, devenus adultes, ne les ont toujours pas quittés. Or, s'il rejette son père, l'enfant renonce à son premier ticket pour le monde extérieur, celui qui donne accès au langage et à toute la symbolique qui lui est liée : le devenir, l'accès au social, l'intégration de l'autre... Il entre ainsi dans la vie à reculons.

Pour surmonter ce handicap, les pères miment parfois la langue maternelle, se risquant à parler d'une voix douce et suave. Mais ce ton artificiel — qui devient vite mièvre et infantile — ne trompe pas l'enfant. Il a même des effets pervers. On a laissé croire — sous le butoir de quelques idées reçues, vaguement teintées de psychanalyse — que les pères pouvaient se féminiser et remettre en cause leur rôle naturel. L'enfant a déjà une mère (c'est un fardeau suffisant !), pourquoi vouloir lui associer une caricature ? La clef de la communication entre un tout petit et son père passe par une modification de la relation d'écoute.

L'enfant viendra spontanément et progressivement vers son père. C'est aux alentours de sa septième année que le désir de communication est chez lui plus riche. Inconsciemment, à cette époque, il cherche, au-delà de sa mère, un modèle à imiter... et à dépasser. Mais ce dialogue se prépare dès les premiers jours.

Le père a tort d'imaginer que cet enfant — même s'il en est le géniteur reconnu — est d'emblée le sien, comme le serait un animal ou un objet. Il pense qu'à force de vivre avec lui, une osmose se produit et que l'enfant a « intégré » sa présence. Alors, il se contente de lui adresser quelques propos vagues, péremptoires et incertains.

Si ces premières difficultés de communications avec son enfant l'ont déçu, il reste sur cette impression de ne pas être écouté et continue de parler par énigmes. Souvent, il part dans de longs monologues, dans des laïus insupportables d'ennui et qui sont bien loin des préoccupations de son fils ou de sa fille.

Mitraillé de questions pendant les années décisives où l'enfant s'ouvre à lui, il répond vaguement, puis se lasse en repoussant l'enfant quand il insiste. Monstre incompréhensible pour le nourrisson, il devient, pour l'enfant qui s'éveille, un être hostile ou indifférent.

J'ai l'habitude d'expliquer que parler, c'est d'abord écouter l'autre. Ce père sourd à son enfant est peut-être en dehors de chez lui et vis-à-vis du fils d'un ami, le meilleur des pédagogues. Un autre axe de communication peut transformer souvent une relation et il suffit parfois d'un changement de ton pour susciter l'intérêt d'un enfant. En considérant son enfant comme un être différent, le père se décarcassera peut-être davantage pour exprimer sa pensée. Sa voix changera d'elle-même, modulant les sons graves pour les rendre plus fluides et accessibles... Il ne parlera plus en l'air mais s'efforcera d'aller au fond de sa pensée. Hélas, on n'a pas de telles pudeurs et de telles courtoisies vis-à-vis des siens...

Freud a eu le mérite de mettre en valeur les phénomènes de réaction et de contre-réaction au sein de la famille. C'est un grand pas dans la compréhension de la psychologie humaine et je lui rends hommage. Mais, à sa suite, les psychanalystes ont confondu le diagnostic avec le traitement. A l'origine d'une difficulté scolaire, d'un trouble du comportement... il y a souvent un rapport conflictuel mal assumé, un blocage dans la relation avec le père ou la mère. L'enfant est devenu dyslexique pour des raisons souvent essentiellement psychologiques et dont la trace se perd dans son inconscient. Mais quand vous aurez découvert qu'il ne joue pas du piano à cause de son grand frère, cela lui donnera-t-il un passeport pour devenir virtuose ? Changera-t-il d'attitude vis-à-vis de cet instrument ?

Depuis quelques années, les psychologues sont revenus à plus de modération en s'apercevant notamment des dégâts considérables que certains avaient causés en jouant aux apprentis sorciers. Si on avait écouté ces derniers, la moindre dyslexie aurait dû être soignée par une psychothérapie plus ou moins longue dite de « soutien ». En ramenant tous les troubles de la personnalité à la cellule familiale, le thérapeute risque aussi de défaire une construction savamment élaborée par l'enfant, sans lui donner les moyens de la reconstruire. En touchant chez lui à l'image du père et de la mère, il modifie le cœur de la relation d'un enfant avec sa voix et son langage. Il change son rapport à la vie et au devenir. Qui se sent assez sûr de lui pour se lancer dans une pareille aventure ?

Dans un ouvrage de psychanalyse qui a connu une grande vogue à son époque, un célèbre « psy » racontait le cas de ce petit dyslexique qui devait, parait-il, l'origine de son handicap à un père... facteur ! Quelle belle découverte ! Fallait-il qu'il change de métier ? Ce jeu de mot qui expliquerait la difficulté de l'enfant face à la « lettre », ferait sourire si le propos de l'auteur n'avait pris un tel habillage pseudo-scientifique pour sortir une étude de ce genre. On peut imaginer, s'il a raison, les risques courus par tous les enfants dont les parents travaillent à la Poste !

Il y a souvent, dans la dynamique analytique, confusion entre le diagnostic et le traitement. Supposons qu'un sujet vient se plaindre d'une fatigue inexplicable. L'examen d'urine découvre un excédent de sucre et conclut à un diabète. Il est possible de refaire le diagnostic à l'infini. Chaque fois que le patient tendrait un nouveau bocal, les analyses ne changeraient rien à la maladie. Le médecin se bornerait à transformer le traitement en étude de l'évolution de la maladie. C'est ce qui se passe dans le monde calfeutré des cabinets de psychanalystes. L'analysé dévide quotidiennement dans un ronronnement circulaire les affres de son inconscient. Cela peut durer des années. Ces cures interminables finissent par fausser les relations entre un sujet et son thérapeute. Elles sont aussi frustrantes pour l'un que pour l'autre.

Dans ce genre de traitement, les adultes ont bâti des univers rationnels indépendamment de la demande de l'enfant et de son désir de guérir. En faisant machine arrière, c'est le bon sens qui revient. Nous n'en sommes, en fait, qu'au balbutiement de la connaissance de la psychologie de l'enfant.

IX

CROCHET DU DROIT, SURVEILLE TA GAUCHE

Avant quatre ans, un enfant flotte dans le monde sans donner à son corps de direction précise. Il se saisit d'un objet avec l'une ou l'autre main, indifféremment. Ses gestes indécis et souvent maladroits font sourire le petit public familial. Quand il marche dans la maison, Maman n'est pas loin. Elle a appris que ce petit bonhomme imprévisible avait besoin de surveillance. C'est l'époque des bêtises et des petits drames. Les objets se renversent sur son passage, les doigts se coincent dans les tiroirs, les pieds dérapent sur le parquet et se prennent dans le tapis. Les parents le croient ambidextre. — « Habile avec sa droite, comme avec sa gauche » et, le regardent avec admiration comme s'il disposait d'un pouvoir perdu par les adultes.

Malheureusement, la véritable « ambidextrie » est rare. Elle ne vient que bien plus tard. L'observation attentive de ce phénomène nous indique qu'elle exprime, en fait, la maîtrise absolue de la droite sur la gauche, la première entraînant la seconde sur ses traces en lui confiant certaines de ses capacités. Les deux côtés deviennent autant performants (avec toujours pourtant un avantage à la droite), car les qualités de l'un ont déteint sur l'autre.

Ce n'est pas le cas de notre jeune enfant dont l'indécision traduit l'absence de latéralité affirmée, la « non-latéralisation ». Poursuivie au-delà des « années tendres », elle sera un lourd handicap et une source renouvelée de difficultés d'intégration ou d'apprentissage.

Le choix entre la droite et la gauche se décide vers 4 ans. La latéralisation exprime un profond désir de communiquer et d'appréhender le monde. Elle mobilise le corps en affirmant ses gestes, mais c'est le langage qui lui donne toute sa puissance. A cette époque, l'enfant abandonne la langue maternelle, pleine de zozotements, d'hésitations, d'approximations et de phénomènes « bégayés », pour se constituer une syntaxe bien structurée et un vocabulaire plus riche. Tout se met à prendre un cap et une direction assurée. Avec la latéralisation, l'enfant transforme tout son petit être en machine à communiquer. Il prend conscience de l'univers. L'école — en l'intégrant à un milieu social — sera le tremplin idéal pour affirmer cette nouvelle confiance en lui. Si la famille l'écoute favorablement, les progrès seront spectaculaires, tandis que l'enfant se « dextralise ».

Pauvres gauchers ! L'époque où ils étaient martyrisés semble révolue. Pourtant, certains enseignants particulièrement obtus et quelques parents ignares continuent à leur attacher le bras gauche pour les obliger à se servir de « la bonne main » ! Les gauchers ont, au cours des siècles, eu la facheuse réputation de « porter malheur ». On les a soumis aux pires traitements et longtemps considérés comme des parias de l'apprentissage

Mais, de nos jours encore, on ne sait « de quel côté » les prendre car, poussés par un sentiment de révolte et une soif de reconnaissance, ils réclament, à juste titre, les mêmes droits que leurs congénères disposant de la latéralité « officielle ». C'est un fait, il n'y a pas de « mauvais côté » et les gauchers « adroits » sont aussi nombreux que les droitiers... « gauches ». Pourtant, aujourd'hui se dessine une autre tendance, celle de laisser les gauchers vivre pleinement leur latéralité, sans leur montrer une ouverture possible vers la droite. Est-ce la bonne méthode ?

Ce point de vue — satisfaisant quant à l'égalité des droits — inaugure, sur le plan neurologique, une véritable scission entre la droite et la gauche. Elle signifie que deux mondes irrémédiablement se font face et que l'asymétrie n'a pas de direction, penchant tantôt d'un côté, tantôt de l'autre, au gré du vent.

La plus grande confusion règne dans nos esprits, en ce qui concerne la bilatéralité du corps humain. C'est vrai : nous avons deux mains, deux oreilles, deux yeux... Notre larynx est divisé en deux parties et notre voix coule par la partie droite de notre bouche ou par la gauche. Les anciens « becs de lièvres » portaient d'ailleurs les stigmates de cette division et témoignaient dans la chair qu'il y a, dans le langage, une voie qui file à droite et une autre qui fuit vers la gauche.

Mais la latéralité ne se pose jamais en termes de choix dictés par le cerveau ou le système nerveux, qui proposerait tantôt une voie tantôt une autre en raison de différences physiologiques personnelles.

La différence fonctionnelle entre la droite et la gauche est à la fois simple et complexe. Relève-t-elle de l'éducation et de l'apprentissage ? Est-elle innée ? La latéralité s'installe-t-elle avant la naissance ? En fait, il n'y a pas de « côté » mort, chacun a sa justification, son utilité et sa spécificité. La main gauche chez un joueur de tennis droitier ne lui est pas « inutile ». Son rôle de contre-poids dans le maintien et la recherche de l'équilibre est capital. Cette remarque s'applique à toutes les activités humaines. Mais la latéralité est la même pour tout le monde car le cerveau, lui, n'est jamais inversé. Pourquoi l'homme échapperait-il d'ailleurs à la règle générale de l'univers qui est, nous le savons, asymétrique et qui penche toujours dans le même sens ?

La gauche et la droite ne sont donc pas des notions indifférentes. Selon certains, le choix de l'une ou l'autre voie serait dû au hasard ou résulterait de l'exercice d'une liberté. Or, tout être doué de mouvement se trouve malgré lui embarqué dans une bilatéralité asymétrique. Il est contraint d'intégrer les notions de direction, d'accélération, d'avant, d'arrière, de bas, de haut..., de droite et de gauche. Elles font toutes parties du paquet « neurologique » que nous recevons en héritage.

La latéralité de fond est donnée par le langage. Il a fallu à celui-ci un sens de la direction bien assuré pour sortir l'enfant de son « babil bredouillant » et de son « gazouillis confus » originel. Or — et c'est un objet d'émerveillement sans pareil — son acquisition suit une voie identique chez tous les enfants. Le magnétophone sophistiqué que nous sommes se compose de pièces analogues, qu'on ne peut pas interchanger, car le mode d'emploi est le même pour tous. Le langage est le système le plus égalitaire du monde. Personne n'est victime d'injustice face à lui. Comme une torche vibrante, il passe à la portée de toutes les mains et de toutes les oreilles, avec sa verticalité, sa latéralité et sa face antéro-postérieure.

La zone de réception du langage sur le cerveau est située exclusivement sur son hémisphère gauche, mais c'est le nerf auditif de l'oreille droite qui y accède directement donnant à cet organe un rôle privilégié dans l'analyse des sons parlés. Pour être décryptés, tous les phonèmes se plient à cette latéralité neurologique. En attaquant la partie droite du cerveau, l'oreille gauche retarde le décodage de l'information et la contraint à emprunter une voie plus longue pour y parvenir.

Cette inversion de fonctions encombre le cerveau droit, l'oblige à une opération superflue — diminuant par là son propre rôle — et retarde l'ensemble des deux hémisphères. Or, la partie droite du cerveau a un rôle spécifique, celui de contrôler le travail du système nerveux et donc la bonne intégration du langage.

En cas de passage par la gauche, le temps de réponse devient plus lent, l'efficacité est retardée. En effet, l'aire attribuée aux activités de réception des messages et des réponses motrices est la même : le cerveau gauche, arrosé par l'oreille droite. Cette disposition dynamique qui exige une énergie supplémentaire dans l'élaboration explicite de la pensée prouve qu'il n'y a pas de gaucher. L'affirmation a de quoi surprendre, je le confesse. Je sais également qu'elle « n'empêche pas le phénomène d'exister », comme disait Charcot en parlant de l'hystérie. Mais, la question : « Pourquoi mon enfant est gaucher ? » peut se reformuler ainsi : Pourquoi n'y a-t-il pas eu, dans le développement de cet enfant, latéralisation vers la droite ? Car s'il n'y a pas de gauchers, les droitiers contrariés existent bel et bien.

Cette idée rend caduque deux points de vue tenaces et, finalement aussi exclusifs l'un que l'autre. Le premier, un peu tombé en désuétude de nos jours, considère les gauchers comme une espèce inférieure. Des sous-êtres à qui il manquerait un trait fondamental capable de les hisser au rang de l'humanité. Passons... Le second est plus subtil. Les gauchers seraient différents et nous aurions à respecter leur nature comme nous le faisons à l'égard d'un mode de vie étranger. Cette position laisse les gauchers « en paix », mais compromet toute évolution possible, les entraînant vers un état de mésinterprétation générale du monde.

Les deux oreilles partagent une même fonction, celle d'entendre. Mais, comme pour les yeux, il y en a une seule qui sait viser : la droite. Voilà une idée toute simple, que je défends depuis quarante ans, qui m'a valu bien des déboires, mais que les neurologues commencent à admettre aujourd'hui.

Le cerveau gauche reçoit directement l'information, et fait les besognes. Il est aux avant-postes. Le droit vérifie si le travail est bien fait et accroît la créativité en cas de besoin. Un cerveau opère, l'autre contrôle. Tous deux sont aspergés d'informations en permanence.

L'oreille droite est « leader » dans l'écoute. C'est elle qui vise les sons comme l'œil droit vise l'objet dans le domaine de la vue. L'oreille gauche ne peut pas être « directrice ». Pour deux raisons, l'une éthymologique : directeur signifie « qui vient de la droite » et l'autre fonctionnelle : l'oreille gauche asperge la partie droite du cerveau, celle qui se contente de vérifier le bon déroulement des opérations. L'oreille droite attaque la partie gauche du cerveau, celle qui reçoit les informations et organise les commandes,

Le côté gauche peut devenir dominant, au cours d'une latéralisation qui a connu un obstacle. Le système est alors parasité. L'information mettra plus de temps à trouver sa cible, les temps de contrôle seront allongés et rendus plus complexes. L'écart entre un droitier et un gaucher atteint parfois des proportions considérables. Le délai est multiplié par 100, voire 200 !

Quelques millièmes de secondes (19 en moyenne) suffisent à l'oreille pour se mettre en position d'écoute. Quand un son « chatouille » le tympan et qu'un désir d'écoute y répond, l'oreille « bande » sa musculature intérieure et se tend pour saisir l'information. Si ce mécanisme traîne, le réflexe prend du retard. En classe, l'élève attrape le message au vol et en rate une partie. Un enfant déjà avancé dans son apprentissage du langage, rétablit la signification, compense par son intelligence ou sa mémoire. Mais devenu acquis, habituel, fonctionnel, en somme, ce retard dans le temps de latence est à l'origine de nombreux troubles (les « dys » en tout genre). Si bien que de retard en retard, de compensation en compensation, l'enfant lâche prise. Apprendre devient pour lui une tâche trop lourde à assumer.

L'autiste est le plus dramatique de ces cas. Il a besoin de deux secondes pour intégrer les informations. C'est la durée d'un élément déjà bien structuré du langage. Quand il comprend que quelque chose sollicite son oreille, il est toujours trop tard. Le message est passé. L'autiste s'est très tôt lassé de ce mur acoustique qui le sépare du monde. Il a fermé son oreille, supprimé son besoin d'écouter et souvent son désir de vivre.

Nous sommes tous victimes, passagèrement, de ce genre de phénomènes. Parfois, un ami vous tape sur l'épaule en vous signalant qu'il vient de s'adresser à vous. L'oreille a deux portes : le tympan et l'oreille interne. Cette dernière seule est porteuse du désir de communiquer et d'écouter.

Le temps de latence (c'est-à-dire la réaction de l'audition aux informations transmises au cerveau) n'est pas le même pour chaque oreille. Si la droite est très fonctionnelle et très opérante, elle va entraîner la gauche à marcher aussi vite qu'elle. Si, par les hasards de l'évolution individuelle, le système est inversé, l'oreille directrice perd sa vélocité et se met au pas et au rythme de la gauche.

Un droitier contrarié est un enfant qui, au moins, a choisi une latéralité. Ce n'est pas le cas du nourrisson dont l'indécision traduit l'absence de latéralité affirmée, la « non-latéralisation ». Poursuivie au-delà des « années tendres », elle sera un lourd handicap et une source toujours renouvelée de difficultés d'intégration ou d'apprentissage. Certains « gauchers », ou droitiers mal affirmés, au cours d'une régression, retrouvent cet état d'indétermination généralisé. Ils deviennent « dyslatéralisés ».

Ne disposant d'aucune coordination dans les gestes, d'aucun repère dans l'espace et d'aucune orientation dans le langage, les enfants à la latéralité mise en pièces vivent un véritable drame, sans commune mesure avec celui des gauchers. Ce sérieux handicap est une cause possible de graves maladies psychiques. Sur le plan de l'écoute, ils sont plongés dans une cacophonie générale. Les sons passent tantôt par une oreille, tantôt par l'autre, sans localisation spatiale. Les aigus se dissocient des graves et des médiums. Le spectre sonore est en complète révolution. La communication avec le maître et avec leurs camarades se fait à travers des distorsions et un brouhaha indécodable. Ces enfants peuvent avoir d'importantes difficultés d'expression. Ils retrouvent — s'ils les ont un jour quittés — les bafouillages et les bégaiements des premiers mois de la vie. Sur le plan de la lecture ou de l'écriture, ce sont les plus parfaits dyslexiques. Comment pourraient-ils d'ailleurs suivre aisément une scolarité ?

Sans atteindre une position aussi catastrophique, l'enfant latéralisé à gauche est neurologiquement en retard et plus lent que ses camarades qui reçoivent les informations par la droite. Parfois, un handicap sert de motivation dans une course à obstacle en multipliant les mécanismes de contrôle. Cette situation explique les exemples de gauchers réussissant bien à l'école et dans la société. Mais le gaucher restera une proie facile pour toutes ces nouvelles maladies d'apprentissage regroupées dans la catégorie des « Dys » (dysorthographie, dyscalculie...). Le gaucher est le cousin germain du dyslexique, souvent son jumeau. Ils vivent tous deux dans la difficulté. Parfois, elle stimule le gaucher, mais les mécanismes de correction, de compensation, d'interprétation... qu'il a mis en place pour suivre les informations peuvent s'effondrer. Sa glissade vers la dyslexie est donc fréquente et naturelle. La latéralisation est le problème et le point commun à ces deux comportements.

Pour quelles raisons un enfant choisit-il la gauche ? Il peut n'y avoir, au départ, qu'une erreur de parcours neurologique. Comme un automobiliste qui se trompe en croyant prendre un raccourci. Il y a aussi des contre-réactions psychologiques. L'enfant, au moment de sa latéralisation, choisit de rester à gauche par opposition aux valeurs symboliques de la droite : l'image du père, l'accès au langage et au social, l'autorité.

Mais ce choix exprime toujours une contrariété. Le gaucher dit « non ». Le pédagogue serait d'ailleurs bien imprudent d'essayer de lui faire revivre la situation qui a été à l'origine de son comportement. Un gaucher ne change pas en retournant vers le passé. Mieux vaut lui montrer les voies d'un devenir différent.

Car il a sa personnalité. Il y a un caractère spécifique du gaucher. Sa psychologie s'explique par un signe distinctif, dû à la posture d'écoute bien particulière qu'il est obligé de prendre. Devant un monde difficile à décoder, et en déphasage de communication, il s'est constitué une carapace qui le protège et lui permet toutefois d'avancer parfois lentement et péniblement. Il s'est bâti un monde bien à lui, plus riche dans une certaine mesure que celui de ses camarades droitiers. Mais il est contraint de s'y replier fréquemment et, vis-à-vis de l'extérieur, il manifeste une attitude de refus, de méfiance et de critique, accentuée par son intelligence naturellement plus exercée. On le sent dans sa manière de parler (il a également une voix de gauche), de s'adresser aux autres, aux sens de ses questions, à sa réserve et à sa réponse éternellement la même : « Oui, mais... ».

Le droitier épouse un comportement inverse, ayant acquis des mécanismes d'apprentissage qui le font progresser rapidement. Il est dans une dynamique qui le pousse vers toujours plus d'ouverture. Il dit oui spontanément à un monde fait pour lui. Il suffit de le regarder et de l'entendre s'exprimer pour comprendre ce que signifie un langage qui « file vers la droite ».

D'un strict point de vue anatomique, l'oreille droite et l'oreille gauche sont identiques. Nous avons également une paire d'yeux capables de voir. Mais il n'y en a qu'un qui sait viser. L'oreille droite est l'organe privilégié de l'écoute. La gauche apporte la perception du relief et du contrôle des sons.

Il y a donc une latéralité de l'écoute et une spécialisation de l'oreille droite dans la directivité, aisément mesurable grâce à une épreuve du Test d'écoute appelée « l'audi-latéralité ». Une oreille droite peut être dominante de + 30 db, ou au contraire, déficiante de – 20 db. Dans le premier cas, la dominance fonctionnelle favorisera l'éléboration de la pensée et la mise en forme verbale. Si cette latéralité existe, le langage s'incarnera et se mémorisera dans le tout corps avec un maximum d'efficacité. Lorsqu'un gaucher « bascule » à droite, son corps s'installe dans un agencement dynamique différent où chaque partie a sa place et son rôle.

La gauche retrouve son rôle d'appui, la droite celui d'avancée. La main gauche tient la feuille, la droite écrit. La main gauche immobilise la règle, la droite trace le trait... etc.

LES CHEMINS DE TRAVERSE

Tous les chemins mènent à Rome. Y compris les routes de traverse. C'est un fait... et une raison pour ne pas pénaliser les gauchers ou les contraindre à changer brutalement de direction.

Les gauchers obtiennent dans certains cas des résultats supérieurs aux droitiers. La littérature qui leur a été consacrée abonde en exemples de congénaires illustres : Michel Ange, Léonard de Vinci... Aujourd'hui, on pourrait ajouter des joueurs de tennis de tout premier plan comme Mac Enroe, Henri Leconte ou l'ancien Beatles, Paul Mac Cartney. Sont-ils plus intelligents que la moyenne ? Les tests de niveaux les plus sophistiqués n'ont, sur ce plan, jamais réussi à départager les droitiers des gauchers. Leurs résultats s'expliquent autrement. Contraints de rouler sur des routes semées d'embuches, ils sont devenus de meilleurs conducteurs que leurs camarades droitiers filant à toute allure sur des autoroutes bien dégagées et sans risque.

La réussite de certains gauchers prouve que la latéralisation fonctionne parfois en passant de « l'autre côté ». Par la gauche, on peut en effet, envisager toutes les fonctions de la vie. La lecture, l'écriture, les bons résultats en classe, l'accès à tous les échelons de la société font partie des espérances très justifiées concernant cette attitude bien particulière. L'« Asymétrie » du corps humain ne signifie pas dissociation, coupure définitive à l'intérieur de chacun de nous. Bien au contraire ! le corps vit dans une coulée dynamique où le mouvement ne s'élabore que s'il bénéficie d'un arrière solide, d'un point d'appui bien ancré. Un avant-centre shootant du pied droit réussit son coup parce qu'il a judicieusement exploité la position de son pied gauche.

Et, cette première étape, si elle n'est pas bien intégrée, va déclencher des troubles de fonctionnement : l'hésitation, l'embarras, l'approximation. Ces défauts ne sont pas le monopole des gauchers ! Combien de droitiers sont « maladroits », parce qu'ils ne maîtrisent pas leur gauche et deviennent ainsi de véritables ... « malagauches ».

En revanche, la gauche a ses limites. Celles de toute assise. A ce moment donné, le mouvement doit décoller. Avec une latéralité de gauche, le geste est contrarié dans sa direction naturelle. Il reste naturellement cloué au sol, et demandera — pour aller au bout de sa course — un effort supplémentaire. Le gaucher découvre ses propres limites, le jour où il s'aperçoit que chaque être est gaucher... jusqu'à la droite, et que la bonne intégration de sa latéralité implique l'ouverture à droite. Ce jour-là, il est prêt à « basculer ».

DE 7 A 85 ANS

La découverte de la droite par un gaucher ne s'obtient pas par la contrainte. Elle doit être désirée. Il ne souhaite pas être « rééduqué », « devenir normal », ou même « surmonter un handicap ». Avec ce genre de propos, l'enfant retrouve son caractère « refusant » et va se rebeller. Qui pourrait lui donner tort ? Il est prêt quand il a mis le doigt sur les limites de son système et qu'il a compris qu'en rejoignant la droite, il ne quitte pas la gauche. Il comprendra donc tout à fait un maître qui lui dira :

« Ce que tu fais avec la gauche tu vas, en passant à droite, ajouter d'autres capacités sans renoncer pour autant à ton état antérieur. Tu ne rejoins pas un camp adverse, tu assumes ta latéralité jusqu'à la droite ».

La difficulté n'est pas dans l'apprentissage de cette nouvelle latéralité. Elle réside surtout dans la qualité de « l'écoute » environnant l'enfant. Quand un gaucher dit « oui », il faut une oreille — et une bonne — pour l'écouter. Car son mouvement naturel est de rester campé sur sa latéralité. Il a trouvé dans cette position de nombreuses compensations et s'y ait forgé une identité qu'il lui est difficile d'abandonner. De plus, les maîtres, aujourd'hui, sont sceptiques. Ils ont pris l'habitude de laisser ces enfants « en paix ». Il y a une information qui n'est pas encore passée sur les raisons neurologiques qui font de la dialectique droite/gauche la condition d'une bonne harmonie.

Le basculement — préparé par une communication reposant sur une confiance mutuelle — réussit à 100 %. Sans aucun dérapage, ni risque de régression. L'âge importe peu. J'ai même battu, récemment, une sorte de record en changeant la latéralité d'une grand-mère de 85 ans ! Ce sont souvent des étudiants qui viennent me consulter. Ils se plaignent d'être anormalement fatigués, de rencontrer une baisse de performance ou, tout simplement d'avoir des retards dans leur préparation à un examen. Inconsciemment, ils ont fait le rapprochement avec leur état de gaucher et me demandent si je peux les aider. La réussite — dans ces cas « idéaux » — dépasse toutes les espérances.

Il y a pourtant un âge délicat où je déconseille le changement de latéralité : au moment de la mue, entre 12 et 15 ans. A cette époque, l'enfant est spontanément opposé à tout. Son corps, et son système nerveux, sous l'effet d'une énorme poussée hormonale, connaissent une révolution sans pareil. Il grandit, doit faire face à de nouvelles sensations. Lui imposer un nouveau codage risque de rendre cette période encore plus délicate pour lui. Les ponts qui vont aider l'enfant à traverser la rive sont nombreux et très accessibles. Il n'y a pas de péage et il est toujours possible de revenir sur ses pas.

Quel que soit le niveau où le pédagogue prend un petit gaucher, le « basculement » implique une « révision » des mécanismes de base de l'apprentissage, essentiellement ceux de l'acquisition linguistique. L'enfant demande un traitement personnalisé à l'intérieur d'une pédagogie normale.

La manie de consulter un spécialiste extra-scolaire pour n'importe quel « trouble » obtient souvent des résultats contraires au but recherché. Elle serait paradoxale dans ce cas, puisqu'en acceptant de passer à droite, l'enfant manifeste le désir de rejoindre le courant majoritaire de la classe. Et, pourquoi vouloir arracher au maître ce qui relève strictement de son rôle d'éducateur ? L'enseignant, pour aider cet élève « particulier » organisera à son intention un ensemble de petits jeux qui, en s'appuyant sur ses acquis de gaucher, lui permettront de s'envoler vers la droite.

Les méthodes pour y parvenir sont nombreuses, faites de mille et un trucs propres à chaque enseignant. L'enfant qui a accepté cette expérience a fait un pacte avec le pédagogue. La relation de confiance est absolument primordiale. Le maître a pour obligation numéro 1 de ne jamais contraindre l'élève. La sollicitation est le fil d'Ariane de ce labyrinthe. Si l'élève renâcle, marque un mouvement d'humeur, la séance sera abandonnée... provisoirement.

Dans cette véritable « éducation bis », la psychomotricité donne de bons résultats. Elle permet de contrôler l'harmonie et le balancement du corps. Mais elle n'est pas suffisante, car elle n'affecte pas la micro-motricité, véritable levier de la latéralité. C'est le langage — avec son double versant de la lecture et de l'écriture — qui y donnera accès.

GULLIVER AU SECOURS DU GAUCHER

La page est le terrain d'entraînement privilégié de la micromotricité. Comme à l'époque de sa première scolarisation, le futur droitier affirmé s'amusera à en contrôler l'espace. Il l'utilisera comme un écran d'ordinateur ou une machine à photocopier munie de fonctions d'agrandissement et de retrécissement. L'usage de la main droite surprend celui qui ne l'a jamais utilisée. Il la découvre comme un corps étranger ou un petit animal à apprivoiser.

Les premiers dessins se perdent d'abord dans la page. Progressivement, l'enfant prend de l'assurance. Il les affine, soigne les détails, puis les retrécit en même temps qu'il envahit la feuille. En effet, le regard découvre qu'en les réduisant davantage, il laisse de la place pour d'autres inscriptions. Les lettres subiront la même aventure liliputienne. Tout le corps se met à dialoguer avec elles. Mais, cette fois, elles sont intégrées par la droite, mobilisant directement la partie concernée du cerveau qui suit et distribue ces nouvelles informations dans le système nerveux. Les caractères, en diminuant, deviennent plus précis et laissent place à d'autres qui, associés, ouvrent l'alphabet à l'univers des mots, puis de la phrase...

La main gauche — dans ces exercices — ne disparaît pas. Il serait inutile voire dangereux, à cette étape, de supprimer l'usage de l'ancienne latéralité. J'ai connu des instituteurs qui attachaient la « mauvaise » main pour contraindre les enfants à passer du « bon côté », leur donnant par la même occasion une raison supplémentaire d'en vouloir au monde entier. Ce manque de la plus élémentaire psychologie comporte un risque important pour l'enfant : celui de le faire revenir à l'absence de latéralité.

L'apprenti droitier, dans son nouvel apprentissage de l'écriture, découvre l'irremplaçable rôle d'assise de la page procurée par la gauche. Un buvard sera très efficace pour accroître cette sensation. Certains pédagogues poussent encore davantage cette expérience en déclenchant des « automatismes de droite ». L'enfant placé côté gauche contre le mur, par exemple, se trouve dans la nécessité d'utiliser la droite pour écrire. Le père qui représente symboliquement la droite sera d'une grande aide pour son enfant gaucher. Il devra profiter de toutes les occasions pour lui parler à son oreille droite, sans négliger les plus petits détails. Ainsi, à table, il veillera à être placé du bon côté. Les pédagogues ne pensent pas à ces petits détails qui, comme autant de trucs, sont souvent efficaces pour favoriser l'envol de l'enfant vers la bonne latéralité.

X

LIRE

LE FOND DE L'ŒIL, LE BOUT DES DOIGTS ET LE CREUX DE L'OREILLE

1

Adaptation particulière d'un vieux problème philosophique : qui est premier, l'œuf ou la poule ? La lecture ou l'écriture ? »

Lire, est le premier pacte que l'enfant contracte avec la société, la condition « sine qua non » de sa scolarité. C'est le plus redoutable des Sphinx : sans le mot de passe, point de salut. Aujourd'hui, la lecture est considérée comme une fonction naturelle. Pour cette raison, ceux qui la maîtrisent mal sont devenus une énigme et un défi aux lois du genre humain. Or, l'école sort plus de dyslexiques que de bacheliers ! Les statistiques nous donnent le nombre exact des seconds (il est en augmentation : bravo !), mais elles sous-estiment les premiers.

Les enfants en échec scolaire sont tous en porte à faux devant la lettre. Combien d'élèves, à leur entrée en sixième, maîtrisent parfaitement cet exercice de base ? A peine un sur deux nous disent les statistiques officielles. Ce constat semble nous replonger dans le Moyen Age. En fait, la lecture a toujours été un exercice complexe, je dirai même artificiel. Il suppose une grande virtuosité et surtout la capacité d'associer à un caractère dénué de toute signification une valeur que l'enfant n'a rencontrée jusque-là que dans le langage parlé. Est-ce si évident ?

L'homme est le premier animal à s'être laissé entièrement coloniser par le langage. La « parole » s'est greffée sur une fonction organique « antérieure » (sur le plan de l'histoire de la vie) : la respiration. La prothèse tient bon ! Son acquisition se perd dans la nuit des temps. L'écriture s'est glissée dans la fonction générale de micro-motricité en spécialisant la main dans cet exercice. Mais elle est une invention récente dans l'histoire de l'humanité.

Le jour où l'homme l'a mise en place, les informations ont pu sortir du cercle étroit du discours parlé et accéder au plus grand nombre. Mais, 200 ans avant Platon, l'écriture était toujours inconnue en Grèce ! En fait, elle n'a pas changé le rapport de l'homme à la connaissance. Les philosophes pré-socratiques ont-ils moins d'importance que les « nouveaux philosophes » disposant des moyens les plus modernes de la communication ? Quand Aristote s'exprimait, les trois quarts de ses disciples présents dans l'assistance « décrochaient ».

Pendant des siècles, la culture a reposé sur la transmission orale. Ceux qui la possédaient disposaient d'un bassin de vocabulaire aussi riche que les meilleurs lettrés d'aujourd'hui. Pourtant, ils ne savaient ni lire ni écrire. On trouve encore de nos jours à la campagne où dans les faubourgs, des « anciens » maniant la langue avec habileté et s'exprimant aux moyens d'expressions colorées et précises. La culture orale n'est finalement pas très ancienne. Dans ma famille, la génération précédant celle de mes parents était illétrée. Mes grands parents, pour leurs affaires, s'étaient constitué un véritable système d'écriture composé de petits signes connus d'eux seuls. Mais ils s'y retrouvaient parfaitement, car chaque caractère était associé à un son précis. Ils avaient également une grande culture, une profonde connaissance de leur entourage et de la vie de leur région. Ils aimaient chanter et leur répertoire se composait de centaines de chansons ou comptines d'origine niçoise qu'ils interprétaient d'une voix puissante et bien modulée.

Mais aujourd'hui, si l'enfant ne trouve pas sa voie dans le dédale de la lecture, le monde se ferme à lui. Autrefois tolérable (parce qu'on pouvait la compenser), la dyslexie est devenue le signe impitoyable de l'exclusion sociale. Des générations d'enfants se voient ainsi privés d'un accès à la culture et, progressivement du désir même de communiquer.

L'écriture a mis des siècles à se constituer. Les premiers phonéticiens (les Sumériens et les Phéniciens) à force de découper le son en rondelles ont progressivement élaboré un ensemble de caractères écrits représentant des sons fondamentaux de la langue jusqu'à une limite au-delà de laquelle le découpage n'avait plus d'intérêt. La lettre n'est ainsi qu'une analyse du son dans sa partie la plus désarticulée. Avec l'écriture, c'est le principe même du magnétophone qui venait d'être ainsi inventé ! Mais le seul micro dont ces savants disposaient était leur oreille. Il fallait qu'elle soit affûtée pour se tendre — en même temps que tout l'appareil sensoriel — au point de structurer des analogies entre le son et une simple représentation graphique.

J'ai passé une partie de ma vie dans des congrès de linguistes internationaux où j'ai eu la chance de rencontrer le plus grand d'entre eux : Roman Jakobson. Je l'ai entendu répondre avec naturel dans toutes les langues où on l'interrogeait. Son ami Troubestkoï, à 42 ans, parlait déjà 22 langues, à la fin de sa vie 220 ! Lui et Karchenski, fondateurs de la phonologie moderne ont été les premiers à découvrir les clés du balancement entre les différents langages. Ils passaient de l'un à l'autre avec une facilité stupéfiante. Les « apertures », les « différences pertinentes » n'avaient plus de secrets pour eux. La science leur doit, entre autres, le décryptage de toutes les langues slaves. Ces linguistes étaient de « redoutables écouteurs ». Leur oreille avait un don de musicalité sans pareil. Pour eux, bien qu'ils ne s'en soient jamais préoccupé, cela tombait sous le sens. D'ailleurs, dans son ouvrage de référence « Outlines of Phonetics », Daniel Jones écrit que « pour être linguiste, il faut avoir une bonne oreille ». A bon entendeur, rien d'impossible...

L'écriture est la première bande magnétique du langage. La lecture, sa face cachée, reste toujours un peu mystérieuse, car nous avons inversé le processus qui a conduit à sa création. Parfois nous avons même perdu le code en route. C'est le cas de certaines écritures dont l'histoire ne nous a laissé que quelques traces et qui semblent refermées sur leur secret, éternellement fixées sur des lettres devenues mortes.

Lire est un mot d'origine latine *(legere)* qui signifie précisément : « Faire la moisson par les oreilles ». L'étymologie donne donc une dimension acoustique à cette activité. Or, rien ne semble plus loin de l'écoute que le déchiffrage de ces signes cabalistiques qui composent l'écriture. Entre le mot « cheval » et son inscription graphique, il y a un abîme qui saisit de vertige les enfants.

Dans leurs premiers contacts avec la lettre, les élèves sont mis directement face à un produit fini, très élaboré... mais vide de sens pour eux. L'écrit a été coupé de sa racine vibrante qu'est le son parlé. Ainsi présenté, il tombe dans l'oreille de sourds. Si l'apprentissage de la lecture reprenait le chemin inverse, les difficultés diminueraient. Il faudrait faire de cet exercice le dernier maillon d'une chaîne qui comprend d'abord la bonne identification « sonique » du phénomène (« A », « B »... etc.), ensuite l'apprentissage de son association avec un caractère écrit. Le son bien couplé à sa lettre ne présente pas de difficulté d'interprétation quand on le retrouve sur le fil de la lecture.

La lettre est la transposition graphique d'un son, après bien des aventures sensorielles. Pour certaines, le cheminement est encore évident. Quand on demande à un enfant de faire table rase de tout ce qu'il sait sur l'écriture et de dessiner ce qu'évoque pour lui le son « I » et le son « A », il dessine spontanément un caractère étroit pour le premier, largement évasé vers le bas pour le second. Cette transposition n'est pas évidente à mettre en lumière, je le confesse. D'autres expériences moins empiriques peuvent pourtant la souligner. Dans « les spectres de sons » qui représentent sous la forme de clichés photographiques le « dessin » des phonèmes — un peu comme un électro-cardiogramme visualise les battements du cœur — des correspondances très fortes avec l'écriture s'imposent.

En posant des électrodes sur le corps d'un enfant lisant à haute voix, les impulsions recueillies par un computer permettent de retrouver les trains d'ondes de la langue à travers le système nerveux et de suivre le texte décrypté en même temps que son lecteur. Le corps se met à l'écoute de la langue à travers l'écriture qui se présente ainsi comme une représentation « neurologique » des sons.

La lecture décrypte une bande dessinée sonore, lui donnant ainsi toute sa signification. Elle fait le chemin à l'envers et retrouve, à partir du caractère écrit, un train d'ondes qui correspond à une émission vocale et à une audition. Dans cette retransmission un peu particulière, l'œil joue son rôle de tête de lecture, apportant à l'oreille les moyens d'amplifier un ensemble de caractères qui vont prendre sens en retrouvant leur train d'ondes nerveux et acoustique.

Le mystère de la lecture réside en cette subtile association, entièrement contrôlée par l'oreille. Mais, la réussite de ce montage tient à sa précision, à la superposition simultanée de ces deux éléments, comme un film bien synchronisé.

La lecture, on s'en aperçoit, ne coule pas de source. Elle suppose acquise la capacité d'identifier un caractère, de lui associer un son sans déformation ni bavure et de le reproduire avec précision. Ces fonctions clés de l'acquisition du langage sont accessibles à un système nerveux bien préparé et qui a intégré « en aval » toute une série de mécanismes parfois aussi complexes, mais qui sont devenus des automatismes (se tenir droit, marcher, parler...) et qui vont de la découverte de l'équilibre à l'usage de la micro-motricité.

Si l'enfant a connu une bonne évolution, si l'entourage familial est favorable, s'il a reçu « le fil d'Ariane », il sortira facilement du labyrinthe de la lecture et de l'écriture. Poussé par sa curiosité naturelle, il retrouvera dans cet exercice le goût du jeu qui le motive partout ailleurs et une nouvelle source d'excitation. Il n'a même pas besoin de l'école pour s'amuser à former des mots tout seul. L'école est faite pour de tels petits virtuoses. Mais pour la grande majorité des élèves, cette épreuve est impitoyable. Les légers retards de langage et les blocages accumulés par l'enfant seront au rendez-vous quand il faudra tracer sur une feuille de papier des caractères abscons ou les faire revivre en les lisant à haute voix. Lettres élidées, mots qui passent à la trappe, confusions, inversions, hésitations... Toute la panoplie du parfait petit dyslexique attend alors le mauvais lecteur.

Ce test grandeur nature est redoutable. Il ne laisse rien passer. Nombreuses sont les familles qui s'étonnent de voir leur enfant éprouver en classe de telles difficultés alors qu'à la maison son comportement semble tout à fait « normal ». Ils ont vite fait alors d'accuser l'école, la maîtresse, la méthode... ou la fainéantise du jeune « cancre ».

2

La fable de l'escargot et du labyrinthe

Lire par les oreilles ! Est-ce possible quand tout pousse à croire que l'œil est le siège de cette activité ? Oui, si nous ne réduisons pas l'oreille à sa simple fonction auditive et si nous la considérons comme un des relais majeurs du système nerveux.

L'œil et l'oreille sont les personnages principaux d'une aventure bien mystérieuse : la lecture. L'œil suit les lettres, et les renvoie tranformées en trains d'ondes. L'oreille les décode en redonnant à des caractères muets leur valeur sonique d'origine. Ces deux mécanismes sont distincts et, s'ils ne l'étaient pas, l'école serait débarrassée de tous ses dyslexiques.

Qui contrôle cette opération ? D'abord la partie organisatrice de la motricité dans notre système nerveux, celle qui permet à l'œil (comme à d'autres parties de notre corps) d'avancer et de suivre la lettre sur la ligne. Ensuite un organe — également lié au système nerveux — qui associe précisément un son à un signe clairement distingué, à condition qu'il ait été mémorisé correctement par l'enfant.

Les deux têtes (identification et interprétation) de ce poste de contrôle ont un site commun : l'oreille interne. Elles portent chacune un nom : l'appareil vestibulaire et la cochlée. L'ensemble a une forme complexe qui le fait ressembler à un petit labyrinthe. La cochlée, quant à elle, doit son nom à sa ressemblance avec un petit colimaçon. Ainsi, le lecteur virtuose jongle avec les deux parties de l'oreille interne. Pourvu qu'il ne les laisse pas tomber !

L'œil « ramasse » (c'est un des autres sens du mot « Legere » en latin) les traces écrites. La cochlée s'efforce de reconnaître ce train de signes ondulatoires et de leur coller un son qui les fasse vibrer.

La lecture est l'effet d'un dialogue entre le vestibule qui organise la course de l'œil sur le fil des lettres (permettant ainsi la vision) et la cochlée qui révèle leur forme sonore. Chaque fois qu'une lettre a été doublement « tamponnée », l'œil poursuit son chemin pour atteindre des unités de plus en plus importantes, suivie comme une ombre par la cochlée qui fait chanter les trains d'ondes qu'elle reçoit.

Quand ce double mouvement se produit en harmonie, la course se poursuit, commandée par le vestibule, décodée par la cochlée.

Le subtil montage de la lecture repose sur une dialectique entre un système qui transporte les trains d'ondes et celui qui nous permet de les identifier parfaitement. L'œil est une tête de lecture qui va permettre aux lettres de reprendre vie en s'associant à des sons. Mais, les signes « vus » et suivis par l'appareil vestibulaire sont intérieurement révélés sous leurs formes sonores grâce à l'intervention de la cochlée.

LA VOIX ROYALE

Tel un acrobate qui met des années à parfaire un numéro de trapèze, tel un pianiste qui passe par la lente maîtrise des gammes avant de jouer du Ravel, l'enfant ne devient pas un bon lecteur du jour au lendemain. Toutes ces activités ont un autre point commun : elles prennent leur véritable dimension dans la virtuosité. Que dirions-nous si un jongleur ratait une quille sur deux ou si le musicien transformait un chef-d'œuvre en basse-cours à canards ?

Ce lien mystérieux de l'écriture avec l'oreille est évident dans les premiers pas de l'apprentissage consolidés par la « lecture à haute voix ». Mais, elle est vite abandonnée, quand on croit l'élève suffisamment aguerri. On lui substitue très tôt « la lecture silencieuse ». Cette démarche est paradoxale. D'un côté l'école reconnaît à la voix une incomparable vertu d'acquisition, de l'autre, elle la réduit à une béquille ou à un simple moyen mnémotechnique. Passé les premières années de classe primaire, les élèves en ont presque honte. Pourquoi faire machine arrière en cours de route ?

Les vertus de la lecture à voix haute se conservent tout au long de la vie. Cet exercice permet de mémoriser efficacement ce qui a été perçu et appris. Il répond de fait à une réalité neurologique. La lecture à voix haute a donc un sens. Elle témoigne de la présence de mécanismes dont le montage est facile à décrire : elle inonde l'oreille qui imprègne le cerveau des informations à collecter tandis que l'œil continue sa quête de sons cachés sous les lettres. Je conseille de l'utiliser comme un moyen pédagogique de haut niveau et de le renouveler pendant toute la scolarité, chaque fois que le besoin d'intégrer une connaissance se fait sentir.

En fait, voix haute pour voix haute, le chant serait la voie royale pour apprendre les lettres. Dans cet exercice, elles trouvent leur volume, vibrent à l'unisson de leur timbre fondamental et prennent leur véritable identité à travers leur modulation propre. La voix, employée dans sa plus grande extension, ouvre à fond les mécanismes de mémorisation. Grâce à elle l'enfant apprend mieux et, loin de s'en éloigner, il rentre de plain pied dans le monde de l'écrit.

T'ES PAS SYNCHRO, COCO !

Nous avons tous en nous l'image d'un jeune garçon ou d'une petite fille faisant ses premières armes dans la lecture. Quand tout va bien, l'enfant identifie la première lettre — un A — sans bavure. Puis, son œil glisse sur un B et l'opération recommence. Le jeune lecteur fait alors l'association entre ces deux phonèmes et construit la syllabe « ab », reproduisant également un son qu'il a déjà intégré. Si tout est verrouillé correctement, le vestibule et la cochlée marchent du même pas, main dans la main. Les éléments sont distingués, fondus et enchaînés dans un « plan séquence » qui donne du sens aux mots, puis à la phrase...

Mais, le plus petit grain de sable peut faire déraper la machine. Comme dans un play-back où la bande son est en décalage sur l'image, les deux opérations qui composent la lecture peuvent défiler à des vitesses différentes. Rien n'est synchro. L'une avance, l'autre piétine, s'affolle... L'événement passe au début pour un gag (c'est d'ailleurs une source classique de comique). Mais, bien vite, le plaisir de suivre le film ou de lire est compromis par ce dysfonctionnement.

L'image pleine de charme du jeune lecteur se brouille. Elle fait place à celle d'un enfant renaclant devant un signe qui reste pour lui « lettre morte ». Il hésite à sortir le son correspondant. Il est bloqué. On l'entend bredouiller, cafouiller, proposer plusieurs interprétations.

Devant son insuccès, il passe au caractère suivant. Mais l'association qui s'est mal faite précédemment perturbe la reconnaissance de la seconde lettre. Toute la syllabe est affectée, aucun phonème n'ayant été correctement identifié. « AB » devient « B...A », « BA »... « AABA ». Emportée dans sa course, la lecture devient hachée. Elle laisse sur son passage des blocs de mots sans signification, en ignore d'autres... et transforme le texte en vrai gruyère ! Le jeune garçon plein de promesses et riche d'avenir est devenu un parfait dyslexique !

LES ORIGINES MÉCANIQUES DE LA DYSLEXIE :
Où l'on apprend comment l'escargot s'est perdu dans le labyrinthe

Imaginons un auteur distrait qui n'aurait pas associé correctement dans une bande dessinée les bulles aux dessins. Cette comparaison explique la plupart des troubles de la lecture. Leur origine vient d'un manque de synchronisation entre l'appareil vestibulaire (ou vestibule labyrinthique) et la cochlée (notre petit colimaçon), ces deux parties de l'oreille interne.

Elision.

Si l'œil — par une pression accélérée du vestibule — glisse trop rapidement sur le fil des mots, les lettres n'ont pas le temps d'être interprétées par la cochlée. Elles échappent à toute identification. Ce jeu de « saute mouton » donne un rythme irrégulier à la lecture qui n'avance que par à coups et bonds irréguliers. Cette véritable fuite en avant, comme un moteur qui s'emballe, provoque des élisions affectant progressivement la signification du texte.

Inversion.

Dans le schéma opposé, la cochlée désorganise le mouvement vestibulaire. Ses capacités d'interprétation faisant défaut, elle contraint l'œil à revenir en arrière de manière anachronique avant de reprendre le fil naturel de la lecture. Celle-ci se dérègle, paralysée par des impulsions irrégulières. Les globes oculaires semblent munis de ressorts sans fixation, poussés tantôt à reculons, tantôt loin devant comme s'ils voulaient rattraper le temps perdu. « Chocolat » devient « Cocholat » et « dyslexique » » : « Lexidysque » !

Dans ce parcours en zigzag, les caractères, les mots, la phrase... n'ont ni queue ni tête. Le texte est transformé en une masse anarchique de blocs inversés.

Il est facile en laboratoire de prouver ce double fonctionnement de la lecture et de dissocier le vestibule de la cochlée. Il suffit — dans une expérience un peu surprenante mais sans gravité aucune — d'injecter dans une oreille droite quelques centilitres d'eau froide. Cette « opération » provoque une dislocation du système et vous vous retrouvez exactement dans les états de dérèglements décrits plus haut. L'œil se met à danser et vous voilà incapable de lire à haute voix ! Vous devenez dyslexique ! La clef de la lecture est là, celle de la dyslexie aussi.

Cette analyse ne fait pas l'impasse sur les causes profondes (et individuelles) des difficultés de lecture. Mais elle permet de comprendre que la dyslexie n'est ni une « maladie » ni une « tare héréditaire ». L'enfant qui en est victime n'est pas l'objet d'une fatalité aveugle. Elle prend sa véritable dimension, celle d'un trouble fonctionnel de l'oreille « entendue » au sens large : un organe au service de l'écoute et de l'intégration des connaissances, une porte donnant sur le cerveau.

Les lettres qui se différencient par leur durée d'émission sont les premières à souffrir de ce traitement. Les P sont confondus avec les B, les T avec les D. Les difficultés sont renforcées lorsque une sourde ou une sonore se trouve introduite dans des associations telles que PR, BR, TR, DR, PL, BL.

Lorsque l'oreille ne perçoit pas les différences de fréquence (ou de hauteur), les lettres à dominance sonique aigues (S, F, CH, V) seront confondues. Les caractères qui partagent un même timbre et ne varient que sur leur fondamentale (M, N et G, Q) auront un sort identique.

3

Les vains discours sur la méthode

Les spécialistes de l'éducation se querellent. Y a-t-il une bonne méthode de lecture ? Laquelle ? L'analytique ? La globale ? La mixte ? Source d'éternelles réformes de l'Enseignement, pain béni des éditeurs et des psycho-pédagogues, les dyslexiques ne font aucune différence entre elles. Dans l'un ou l'autre cas, ils sont aussi nombreux. Un enfant capable d'associer une lettre à une valeur sonique rentrera avec la même facilité dans l'une comme dans l'autre.

La difficulté de lecture révèle toujours un trouble de l'audition. Les tests d'écoute nous le disent. Un enfant qui confond les sifflantes (les « CH », les « V », les « J ») et qui prononce « Zeval » pour « Cheval » sera incapable de reproduire correctement ce mot quand il le rencontrera sur la chaîne écrite. La plus petite distorsion, la moindre fermeture ou perte de sélectivité aura des répercussions dans cet exercice de haute finesse auditive que pratique l'oreille.

Le « dyslexique » vit avec un « bout filtre » déformant dans l'oreille et baigne dans un univers acoustique déstabilisant. Sans être sourd, il est amené à corriger et à compenser par le jeu subtil de la sur-interprétation ou de l'analyse du contexte. Mais, cette opération supplémentaire prend une grande partie de son énergie. Au cours d'une dictée, ou lors d'un exercice de lecture, il lui faudra quinze fois plus d'efforts pour arriver à un résultat comparable à celui de ses petits camarades mieux lotis.

Ce handicap d'origine auditive a de nombreux points communs avec celui concernant les yeux. Comme un daltonien confond les couleurs, un dyslexique différencie mal certains phonèmes. Tel un bigleux qui est incapable de fixer correctement l'axe de sa vision, un dyslexique accuse un retard dans la lecture par incapacité à localiser l'origine d'un son. Il y a un œil dominant, il y a une oreille leader... « Comparaison n'est pas raison », les médecins surveillent les premiers avec soin, et perdent de vue les seconds. Une lésion organique, le début d'une surdité, une chute de quelques octaves dans l'audition, sans parler des otites et autres infections feront l'objet d'un dépistage efficace. Mais ces ruptures délicates dans l'écoute ne sont soumises à aucun examen.

Si les adultes ont du mal à comprendre cette relation entre les mécanismes d'apprentissage et l'oreille, les enfants la ressentent parfaitement. Un petit dyslexique en voie de rétablissement dira spontanément : « Maintenant, j'entends mieux, mais je n'écoute pas encore. » Un petit Américain ou Canadien dirait : « J'écoute plus, mais je n'entends pas encore. » Ces deux psychologies expriment, au fond, une vérité commune.

Le plus souvent, les fréquences ne sont pas contrôlées en fonction de l'oreille droite ou gauche, tout se mélange. D'autres encore sont incapables de viser les sons. Ils peuvent entendre, mais ne savent pas écouter. C'est l'oreille gauche qui prend le pas sur la directrice et qui rate le son. D'où d'importants troubles de latéralité. L'élève dérapant a besoin d'une machine à traduction, car notre langue lui est étrangère.

LES ÉCRITURES DE COCHONS ET LE GRAPHOLOGUE SCEPTIQUE

Les dyslexiques n'ont pas de chance : impossible de tricher avec la lecture. La moindre défaillance les trahit. En revanche, une « mauvaise écriture » est plus difficile à interpréter. Chez un étudiant ou un adulte, elle n'exprime pas systématiquement un trouble d'apprentissage ou un manque de familiarité avec les lettres.

L'écriture devient vite un frein. Progressivement on lui substitue des abréviations personnelles et de plus en plus hermétiques, la transformant en sténographie de la pensée. D'où l'abondance de signes cabalistiques dans certaines écritures, comme celle des médecins qui ont poussé ce phénomène jusqu'à sa caricature et au point de ne pouvoir même plus se relire ! Le poète anglais Milton retrouvant un ancien manuscrit et s'apercevant qu'il était incapable de le déchiffrer eut ce mot : « Quand j'ai écrit ce texte, nous étions deux à le comprendre, Dieu et moi. Maintenant il n'y a plus que lui. »

Certains dyslexiques « trompent leur monde », en affichant une calligraphie correcte. Mais, d'une manière générale, l'écriture demande de la finesse dans l'expression des détails et, pour tout dire, une micromotricité déjà bien assumée. D'ailleurs, les parents d'enfants dyslexiques nous signalent que leurs enfants, en sortant de leur état, deviennent plus soigneux dans la présentation de leurs devoirs. « Il écrit mieux », ajoutent certains d'entre eux. L'écriture va donc de pair avec le sens du détail et la micromotricité. Celle-ci commence dès le plus jeune âge (2 ans, parfois moins), puis s'affirme et s'acquiert un peu plus tard (3 à 4 ans). Si l'enfant est invité par ses parents à exercer sa main en dessinant des volutes, des formes géométriques, l'ébauche de certaines lettres pointera à l'horizon. Et lorsqu'il passera au stade de la lecture, le jeune écolier sera plus sensible à la moindre faute de trait ou de caractère. Il marchera sur un terrain plus solide et associera donc plus rapidement la lettre et sa valeur acoustique.

Cette corrélation entre le geste de l'écriture et l'oreille a une explication directement neurologique. Chaque partie du corps a sa projection sur le cerveau. Celle de la main droite est située près de la zone de projection des petits muscles de l'oreille interne droite. Si l'on « paralyse » artificiellement ces derniers, c'est toute la zone qui est affectée. Et le sujet s'avère alors incapable de bouger les doigts correctement.

On constate d'ailleurs qu'écrire de la main droite fait gagner du temps et améliore les performances. Les spécialistes savent que l'écriture à gauche est plus difficile à analyser car, selon eux, elle masque la personnalité du sujet. Elle entrave, en tout cas, sa liberté de mouvements et trouve des limites naturelles.

Il y a 30 ans, quand je m'exprimai sur ce lien direct entre l'audition et l'écriture, je soulevai des éclats de rire ou des tonnerres de protestation. Je me souviens d'un très célèbre graphologue (toujours en activité) qui mettait violemment en doute mes théories. Je l'invitai un jour à se rendre à mon cabinet pour tenter une expérience. Sportivement, il accepta.

Je lui mis alors sur la tête un casque muni de filtres inhibant l'action des muscles internes de son oreille droite. Son écoute devint pénible et son élocution difficile quand je lui demandai de parler. Je l'invitai alors à poser sa signature au bas d'une page. Un exercice, chacun en conviendra, qui ne présente aucune difficulté. Il en fut incapable, malgré de nombreuses tentatives. Sa main ne sortait qu'un gribouillis sans queue ni tête. J'ignore si cette leçon lui aura été de quelque intérêt pour sa pratique, mais il dut convenir du succès de ma démonstration. Toutefois, je ne l'ai plus jamais revu.

LA LETTRE EST UN SON CAPTURÉ VIVANT

— Pourquoi viens-tu me voir ?

— Parce que je suis malade...

— De quoi souffres tu ?

— Je suis dyslexique.

Ce dialogue, je l'ai eu des centaines de fois avec des enfants ou des adolescents effondrés devant une série d'échecs inexplicables dans leur scolarité ou dans leur vie.

Le mot « dyslexique », comme un plat national, est mis à toutes les sauces. Il est devenu un terme générique et a dépassé le simple trouble de lecture à qui il ne doit plus que son origine étymologique. Ce « label » estampille aujourd'hui aussi bien des « troubles de comportement » que des « difficultés d'apprentissage », des « dyscalculies » et autres « dysorthographies ». Il est si vague qu'il en est devenu ésotérique. Pour l'enfant, il signifie tout simplement qu'il n'est pas « comme les autres ». Pour les parents, il a une connotation médicale confirmée par les visites à des « spécialistes » portant des noms inquiétants : psychiatres, psychologues, psychomotriciens, orthophonistes, ergothérapeutes... Leur fils devient un cas. On le soumet à des tests, on prescrit des traitements hyper sophistiqués.

— Est-ce grave, Docteur ?

Cette médicalisation à outrance de la dyslexie, a un inconvénient majeur, celle de sortir celui qui en est victime de son cadre naturel : l'école et la famille. Elle sanctionne l'échec des parents et l'incapacité apparente du maître. Elle met l'enfant en porte à faux en le faisant basculer dans un univers parallèle mais qui le marginalise davantage encore.

L'enfant en difficulté scolaire se fait une montagne des actes les plus simples. Lire, écrire, compter, comprendre, parler... tout devient synonyme de pièges ou d'embûches. Le dyslexique est comme un conducteur qui, tous les matins, essaierait de démarrer, n'y parviendrait pas et serait contraint de trouver un moyen de locomotion de remplacement.

A bout de course, on comprend que ces enfants glissent dans une conduite d'échec, que certains se réfugient dans des pathologies plus graves ou développent des tendances suicidaires...

Pourtant, dans la majorité des cas, un traitement « psychologique » crée plus de difficultés qu'il ne peut en résoudre, car il reste sur le plan du symptôme. Un conflit avec un père trop sévère ou une mère autoritaire, la naissance d'une petite sœur, une relation difficile dans la famille, un divorce, un déménagement... mille raisons expliquent un trouble du comportement et un blocage. Il y a autant de cas que de « romans familiaux ». Dans une psychothérapie de soutien, en revivant ces conflits, l'enfant redevient-il un bon élève ? Les situations de crise aggravent les tensions déjà existantes, ravivent d'anciennes blessures et diffusent dans toute la cellule familiale un profond sentiment de culpabilité.

Jadis, on accusait l'enfant qui se voyait traité de fainéant au moindre échec scolaire. Aujourd'hui, la mode est de s'en prendre aux parents. Il est vrai que les problèmes psychologiques et relationnels augmentent avec un enfant dyslexique à la maison. Mais, dans ce cas, la mise en évidence du symptôme n'a jamais indiqué la voie de la guérison.

L'apprentissage de la lecture, comme nous avons eu l'occasion de l'expliquer, n'est pas automatique. C'est une acquisition seconde, dans une évolution complexe. Le dyslexique — pour des raisons variées et à prédominance psychologique — a raté cette mise en route comme une étape dans son développement. Il piétine. Notre seul objectif est de l'aider à redémarrer, à rattraper le temps perdu et à sortir d'une situation où la recherche des « responsabilités » importe peu.

D'ailleurs, en donnant à l'enfant un coup de pouce pour surmonter une difficulté, les effets secondaires seront tels qu'ils relativiseront les problèmes relationnels qui ont pu expliquer sa réaction. Si le père en est à l'origine, le traitement aidera souvent l'enfant à rétablir le dialogue avec lui. Nous nous laissons abuser par les effets souvent ravageurs de la dyslexie et qui mettent à mal rétroactivement les précédentes constructions de l'enfant.

En remontant à sa difficulté d'écoute, et en lui permettant de redonner vie, son et sens au langage, le monde se met à signifier, la relation avec les autres devient enrichissante et l'enfant récupère tous ces acquis antérieurs.

DES LETTRES DANS LE POTAGE

La dyslexie n'est pas une maladie des temps modernes née avec la découverte de l'inconscient. Elle est vieille comme le monde et sévissait avant même l'invention de la lettre. Elle touche, en fait, tous les mécanismes d'intégration. Il y a, par exemple, une dyslexie dans l'apprentissage de la musique où l'association « déchiffrage d'une partition » et « commande de la main » peut subir les mêmes distorsions que la lecture. Dans ce cas, ce sont des notes qui sautent ou se répètent affectant toute la rythmique de l'interprétation. La dyslexie met en évidence un trouble général du langage et l'histoire de la pédagogie est pleine de ces petits trucs mis au point par les maîtres pour déjouer ces éternelles difficultés.

Les Latins ont inventé le potage avec des pâtes en forme de lettres. Chez les grecs, on apprenait à lire en mangeant des gâteaux et en se régalant ! Les enfants juifs léchaient des caractères de bois recouverts de miel. La grande pédagogue italienne Maria Montessori avait inventé d'autres moyens : ses élèves décryptaient les lettres avec la langue, chacune ayant un relief particulier. Une sorte de braille avant l'heure. Dans la série « grands mégalomanes richissimes », on cite le cas de ce propriétaire terrien Romain qui, pour aider son enfant particulièrement récalcitrant, avait transformé vingt-deux esclaves en alphabet vivant.

La dyslexie est un état si courant que les tests pour la dépister chez un enfant sont souvent inutiles. Avant même de le faire lire, il suffit de l'observer quelques instants et de l'écouter parler. Ses propos sortent en pagaille, les réponses aux questions sont imprécises, et ses phrases sont bredouillées plutôt que formulées. Ses difficultés d'expression se doublent d'une maladresse de tous les gestes du corps. Devant la page, sa motricité mal assurée l'empêche de se positionner correctement, de soutenir par la course des yeux le défilé des caractères et de dialoguer avec la lettre.

L'écriture sera à l'image du bonhomme : flottante, dispersée et imprécise. Le langage, pour être maîtrisé, a besoin, comme le corps, de s'élancer dans une direction contrôlée.

Pourtant, les enseignants et les parents signalent de nombreux cas de dyslexiques devenus des champions sportifs. L'un d'entre eux, Mark, raconte : « J'étais excellent en athlétisme et la gloire de mon équipe de foot au lycée. Cela m'a beaucoup aidé psychologiquement à supporter mes échecs strictement scolaires. » Ce n'est pas contradictoire. Il existe, d'ailleurs, au Canada, comme je l'ai déjà signalé, une école spécialisée dans l'accueil des enfants dyslexiques et qui les rééduque en intensifiant les activités sportives... Ils forment des champions de hockey formidables..., mais pas vraiment de bons lecteurs.

Entre le développement harmonieux du sport et la motricité très subtile que suppose l'acquisition de l'écriture, il y a un fossé mettant en évidence la présence de mécanismes d'apprentissage très distincts.

Ils expliquent, à l'inverse, qu'on peut être un excellent pianiste et un piètre joueur de football.

XI

APPRENTISSAGE

LES MÉCANISMES

Le regard froid du clinicien nous donne de la machine humaine à communiquer une description précise et cruelle. Des organes sensoriels (nez, yeux, oreille, peau...) arrosent le système nerveux et le cerveau. En contre-réaction, ils l'aident à entrer en communication avec l'extérieur grâce aux mouvements du langage et des appareils moteurs. Cette nature morte ne nous dit pas l'essentiel. Si les pièces ont été assemblées et si le moteur tourne dans la bonne direction, une dynamique incroyable se met en place : plus ce système fonctionne, plus il progresse — nous obligeant ici même à abandonner cette vue mécaniste de la communication. Entre l'écoute qui s'affine, la pensée qui s'élabore, le langage qui s'enrichit, et l'envie de communiquer qui se manifeste, il y a effet « boule de neige ». Les uns et les autres se renforcent en se renouvelant.

Si, dans cet assemblage délicat, une pièce a été mal ajustée, une autre, installée dans un mauvais sens, c'est toute la machine qui en patit. Une écoute mal assurée, un langage qui s'appauvrit, une pensée qui se dilue... la dynamique sera aussi puissante que précédemment, mais elle jouera impitoyablement dans le sens inverse. Avec les blocages, viennent les retards qui s'accumulant font perdre l'envie de communiquer, parfois celle de vivre.

C'est un carrefour et, comme Œdipe, nous avons le choix entre deux directions. La première mène au succès et à l'ouverture sur le monde, la seconde à l'échec sur toute la ligne.

Mais, contrairement au mythe, le héros peut se tromper et revenir en arrière. Par un chemin de traverse, il regagne alors la « bonne » voie.

Les élèves en retard scolaire ont une machine à communiquer grippée. Leur nombre augmente-t-il ? Je ne le pense pas, mais la proportion actuelle (30 %) a déjà de quoi nous inquiéter. Livrés à eux-même, leur attitude de fuite les pousse dans des comportements qui en font la bête noire des enseignants. Mal aimés, ils passent pour moins intelligents que d'autres et acceptent cette dévalorisation avec fatalité.

COMMENT RECONNAÎTRE UN ENFANT EN DIFFICULTÉ

Le petit dyslexique (acceptons ce terme générique pour parler de tout enfant en difficulté) se repère facilement. Inutile d'attendre les premières catastrophes scolaires pour s'occuper de lui. Tout le comportement est affecté par son trouble de communication.

Pendant la récréation, il est incapable de se fixer sur une activité précise. Il déambule sans se fixer sur une direction. Dans une partie de ballon, avant de tirer, il hésite à donner un coup de pied ou à lancer la balle. D'ailleurs, les jeux l'ennuient rapidement et les autres enfants ont pris l'habitude de laisser ce camarade « empoté » sur la touche. En classe, il connaît bien sa place, mais à chaque fois, il semble la chercher. Il est d'ailleurs le dernier à s'y installer.

Invité par le professeur à venir au tableau, il arrive du fond de la salle d'une démarche non assurée. Ses camarades attendent avec hâte qu'il « se prenne les pinceaux » dans l'allée. Il grimpe sur l'estrade et là son corps a du mal à prendre ses marques ; il hésite devant l'espace qui lui est offert. Si vous lui tendez la craie, il la saisira de la main gauche, ou indifféremment de l'une et de l'autre. Sa main sera crispée et dans certains cas, il se trouvera dans l'impossibilité d'écrire. Il en sera de même devant la page blanche à remplir, ce sera la panique.

Cette « gaucherie » généralisée traduit un déséquilibre du système nerveux. Une partie de l'oreille interne — le vestibule — s'avère incapable d'assumer son rôle de coordination des mouvements. Ce dysfonctionnement touche la micromotricité et ce petit dyslexique aura du mal à saisir correctement un crayon, à bien caler la feuille devant lui... L'écriture est imprécise, tremblottante ou trop appuyée. Il y a une déclinaison parfaite entre ces comportements dans la vie quotidienne et des gestes aussi simple que lire, écrire, compter. Une partie de foot ratée, ce n'est pas grave. Une maladresse chronique dans l'écriture ferme à l'enfant les portes de la connaissance.

Interrogé par le maître, son corps semble pris par une agitation tous azimuts. Le regard fuit, et tel un beau diable, l'enfant remue les bras, se triture les mains, donne parfois des coups de pieds violents sous le bureau. Toute son énergie se disperse dans une bougeotte incontrôlable. Quand on sollicite son écoute, tend-il toujours la même oreille ? S'il tend l'une ou l'autre indifférement, s'il confond la droite et la gauche, comme une voile ballottée sans contrôle par le vent, on le voit voguer sans direction précise de l'écoute. Il est inattentif, « dans la lune », car les informations parviennent plus lentement à son cerveau et perdent leur définition claire. Il faut souvent lui répéter les questions. Il n'a effectivement pas entendu. D'ailleurs a-t-il écouté ? Il existe entre ces deux fonctions de l'oreille une graduation et une différence qualitative qui correspond au passage d'un acte passif à un acte conscient.

Ecoutez-le parler. Sa voix, traduisant son écoute défaillante, file également sans suivre de cap. Terne, sourde, parfois aggravée, peu modulée, elle manque d'harmoniques et de vie. C'est un terrain idéal pour les bafouilleurs. Avec un tel support, le langage se montre pauvre. Son rythme est lent, quelquefois hâché.

L'étude de la voix et du langage d'un enfant donne au pédagogue des indications précieuses sur une manière d'appréhender le monde quant à ses possibilités d'écoute. Certaines difficultés d'élocution (le zozotement, la confusion de certains sons comme Q et G, P et B, T et D...) signalent au maître des distorsions auditives au niveau de certaines bandes passantes.

Comme pour le reste du corps, il y a une latéralité de la voix. Selon la direction de son écoulement, elle mobilise la partie correspondante du visage, des bas-joues aux paupières. Celle que nous venons d'évoquer est typique du gaucher. Avec un peu d'habitude, l'oreille du pédagogue la reconnait facilement. La voix de l'enfant peut donc être, pour le maître, le signe le plus patent d'une « dyslexie » profonde ou, au contraire, d'une acquisition linguistique bien intégrée.

Un petit test peut aider les enseignants : en pinçant (légèrement bien sûr !) le côté droit ou gauche de la bouche tout en incitant l'enfant à continuer de parler, on repère immédiatement la latéralité du discours. Bloquée sur son « passage spontané », la voix tombe immédiatement, les mots sortent avec difficulté et l'articulation devient pénible.

Pour résumer : un enfant qui ne tend pas son oreille droite, qui a des problèmes de coordination de mouvements, qui parle « à gauche » et qui dépense son énergie à perte, aura besoin d'une aide particulière, car tôt ou tard il sera en position d'échec scolaire. Groupés ou isolés, les signes que nous venons de décrire sont des appels au secours qu'un enfant en difficulté nous envoie.

Mais un dyslexique n'est pas un enfant « malade ». Il n'y a pas de raisons de l'envoyer tout de suite chez un « psy », de le « rééduquer » ou d'échafauder je ne sais quelle théorie à partir d'une analyse de son milieu strictement familial. Il a besoin, pendant un certain temps, d'une attention et d'une éducation particulière, qui relève d'un rôle strictement pédagogique.

ON A L'INTELLIGENCE DE SES ÉCHECS

Y a-t-il un rapport entre l'intelligence et la réussite scolaire ? Cette question stupide ne mériterait pas d'être posée s'il ne fallait protester avec la dernière véhémence contre une idée terrible qui équivaut, en limitant le droit à l'intelligence, à refuser le droit de vivre au reste de l'humanité. L'inégalité existe, mais nous avons tous un même cerveau composé de 15 milliards de cellules. Aucun bébé n'arrive au monde doté de « mauvaises cellules ».

Devant la vie, il n'y a pas ni premier ni dernier. Mais, cette liberté permet à chacun d'utiliser ses capacités à sa manière. L'intelligence n'est pas non plus synonyme de compétitivité. Au nom d'un égalitarisme « supérieur », les enfants se voient obligés d'obtenir les meilleurs résultats au même moment. Ce diktat a rayé d'un trait les inévitables temps de latence, les retards naturels et... les précocités. Un enfant peut démarrer très vite, s'éteindre vers onze ans et se réveiller quelques années plus tard. Certains partent au ralenti, freinent et se reprennent sur le tard. Les pires cancres à l'école peuvent se récupérer dans la vie et en dehors de tout système éducatif. Qui peut planifier la chance et la refuser à certains ?

L'intelligence est, par définition, « la chose du monde la mieux partagée », puisqu'elle nous sert à rentrer en relation avec l'autre, à communiquer avec lui. Ce mot vient du latin *inter-legere* qui signifie « partager », « distribuer »... Ce n'est donc pas un trésor de guerre disputé jalousement, ni une médaille qui s'acquerrait aux prix d'efforts surhumains. L'intelligence est la faculté qui nous fait rentrer au cœur de la relation humaine et qui nous aide à la décrypter. Pour tous les enfants, elle fonctionne de la même manière. La véritable norme, c'est elle. Rendre un enfant intelligent, l'éduquer, c'est l'accompagner dans un mouvement naturel, celui qui le pousse à communiquer et à découvrir le monde. Le petit dyslexique a retourné ce cours naturel vers une voie sans issue.

Un enfant n'est donc pas mis en échec scolaire parce qu'il serait « dénué d'intelligence ». Comme un moteur à plein régime essaie de dégager les roues d'un véhicule ensablé, sa matière grise travaille à fond... mais dans le vide. Il s'est engagé dans un patient effort de corrections et de compensations pour essayer de comprendre un monde opaque et fermé. Ce mot qu'il ne peut pas lire, il l'interprète en s'appuyant sur le contexte. La phrase qu'il a mal entendue, il s'efforce par les moyens les plus complexes de la décoder. On n'imagine pas les trésors déployés par son imagination pour faire face à toutes les situations. Son « stock » de trucs en tout genre est inépuisable. L'école est pour lui un véritable casse-tête. D'une classe à l'autre (quand il a la chance de ne pas redoubler) les connaissances deviennent de plus en plus complexes, le système de correction plus sophistiqué et de plus en plus lourd à manier... Tels des moyens mnémotechniques qui, à force de raffinement, finissent par compliquer la tâche de la mémoire.

Une blague résume bien la position du petit dyslexique en classe. Un jour, le père de l'un d'entre eux demande à assister au cours de son enfant qui se plaint d'être « embêté en permanence par son professeur ». La proposition est acceptée et l'adulte prend place auprès de son fils. Le cours commence. Au bout d'un certain temps, après avoir interrogé d'autres élèves, le maître se tourne vers le petit contestataire et lui demande : « combien font deux et deux ». Celuici ravi, se tournant vers son père lui lance : « tu vois, p'pa, il recommence ! »

Pour un petit dyslexique, tout est difficile à comprendre. Ses efforts (et, la plupart du temps il n'en est pas avare) ne sont jamais couronnés de succès. Quand ses camarades lisent parfaitement, il en est encore à buter sur les mots. Il vit cet échec comme une profonde injustice. Il a raison. Il découvre une véritable inégalité, celle qui divise les chances des enfants face au langage. Si personne ne vient à sa rescousse, dépité et dégoûté, il démissionne.

En fin de scolarité, écœuré, il viendra augmenter la proportion déjà importante des illétrés, maladie galopante de l'enseignement moderne.

Car, autant dire les choses crûment : ceux qui rateront l'entrée dans le petit dédale de la lecture et de l'écriture seront éliminés du circuit social. Imaginez un orchestre symphonique composé de musiciens incapables de déchiffrer une partition, et de violonistes contraints de jouer de la trompette. Vous avez l'image sonore de l'école aujourd'hui : une belle cacophonie.

La partition (la page écrite) est la base de l'intégration des connaissances. La découverte d'un instrument à sa convenance doit constituer la plus haute mission de l'école : aider un enfant à trouver sa vocation et à prendre le chemin de son devenir.

Cette comparaison n'est pas gratuite. La musique — nous en parlons dans un autre chapitre de ce livre — est la source de l'enseignement. J'ai eu l'occasion de soigner des chanteurs, des musiciens de toute catégorie. L'oreille d'un pianiste n'est pas celle d'un clarinettiste. Chacun a son « écoute », une manière bien à lui de dialoguer avec son instrument et de communiquer avec son public. Mettez-les en quatuor, en septuor ou dans un plus grand orchestre, ils formeront l'ensemble le plus harmonieux.

SAVOIR PLACER UN ENFANT DANS LA CLASSE

Beaucoup d'enseignants, face à ces « enfants dissonnants », baissent les bras en se disant qu'ils ne sont pas responsables des causes profondes de l'échec scolaire. C'est en partie vrai. Les blocages qui en sont la cause sont souvent antérieurs à la scolarisation. Ils pensent également que l'école ne pourra jamais résoudre les problèmes familiaux qui alimentent les troubles de ces élèves. Nous sommes tous des animaux travaillés par le mythe de papa/maman. Un père, qui nous pousse vers le devenir, une mère qui nous rappelle le passé... C'est notre lot commun.

Mais l'école est aussi un puissant lieu de libération, et des pédagogues bien informés seront d'une aide précieuse pour un enfant en difficulté. Les élèves « défavorisés » sont, pour la plupart, mal latéralisés et en difficulté d'écoute. Ils demandent donc une attention supplémentaire et, notamment d'être placés devant le professeur, à sa gauche, pour les aider à retrouver la fonction dynamique de leur oreille droite et favoriser une meilleure compréhension du cours. L'école est, pour eux, un calvaire, car ils y ont surtout appris — à force d'humiliation — à adopter une attitude de refus. Tout naturellement, ils rejoignent le fond de la classe où les informations, en raison de l'éloignement, leur parviennent avec encore plus de difficultés. Ils deviennent alors d'autant plus gênés, d'autant plus refusants... et d'autant plus gauchers.

Quand un enfant découvre sa latéralité, il se produit en lui une véritable métamorphose. Le mouvement naturel du corps est de filer vers la droite. Mais, s'il maîtrise déjà sa gauche, les progrès seront sensibles. Soudain le voici éveillé et attentif. Il retrouve l'usage d'une partie de ses mécanismes d'apprentissage.

LES VRAIES QUESTIONS SONT NEUROLOGIQUES

Le petit dyslexique amène l'enseignant à se poser des questions d'un genre nouveau. Paradoxalement, elles débouchent sur une meilleure compréhension des élèves qui n'ont pas de handicaps.

Comment passe une information dans le cerveau d'un enfant ?

ALFRED TOMATIS

Comment est-elle reformulée ? Pourquoi la lettre reste, pour certains, un signe indéchiffrable ? Quel est le rapport entre l'écoute et la mémoire dans la lecture et l'écriture ? Comment expliquer que le langage (fait de sons) s'est, un jour, transformé en traces sur le papier ? Quelles explications donner à un enfant sur son trouble du langage — oral ou écrit — ou sur son impossibilité à remettre des chiffres dans le bon ordre ?

Nous ne sortons pas du domaine de l'école pour rejoindre celui de la neurologie ou de la psychologie « des profondeurs ». Nous découvrons les enjeux d'une véritable pédagogie, moderne et proche de l'enfant...

XII

LES COPAINS DE PIERROT LA LUNE

DIS-MOI QUI TU ÉCOUTES, JE TE DIRAI QUI TU ES

Depuis des dizaines d'années, des parents désemparés viennent dans mon cabinet pour me faire part des difficultés scolaires de leur enfant. « Il est dyslexique », me disent-ils en reprenant un mot générique, savant mais, pour eux, vide de sens. Sous ce terme, les spécialistes placent indifféremment les troubles de lecture, d'écriture, d'orthographe, de calcul mais y ajoutent, dans la foulée, ceux de l'élocution et ceux, plus généraux encore, du comportement.

La dyslexie affecte profondément l'enfant, car elle fait tâche autour d'elle, ne laissant rien hors de sa portée. Un dyslexique « voit » le monde à sa manière. N'ayant pas eu la chance d'associer correctement les sons aux noms et aux objets, il utilise un langage qui, pour lui, a une signification dévaluée. Il communique en monnaie de singe et un univers qui n'est pas correctement « verbalisé » n'est qu'un montage imaginaire, qu'un théâtre d'ombres que l'on ne peut appréhender.

Le jeune enfant a ses handicaps de base (mauvaise écriture, dyslexie simple...), des troubles profonds de communication. Se rendant compte des sourires qu'il déclenche autour de lui ou de ses échecs répétés, il perd confiance. L'entourage se lasse et peu à peu un fossé se creuse. C'est le cercle vicieux, et tout son intégration au monde se trouve ainsi remise en cause.

Un enfant qui naît dans de bonnes conditions et avec le désir de communiquer se laisse emporter par la vie, et va, étape par étape, apprendre à devenir un être social dans un long cheminement qui transforme un nourrisson en individu, puis en personnage. Mais, devant un monde extérieur jugé trop agressif, trop dissonnant, ou un environnement familial qui ne « s'entend pas », l'enfant n'a qu'une façon d'exprimer son désarroi : il coupe le pont de la communication, marquant ainsi son refus de rentrer dans l'écoute d'un monde jugé trop hostile.

Entre la surdité totale et la fabrication de zones à distorsions, il y a des nuances. Elles entraînent, à leur suite, des troubles de comportement ou d'apprentissage particuliers. L'oreille est une arme puissante, défensive et dissuasive. Origine des blocages, elle peut devenir — si on la saisit bien — la source de toutes les thérapies.

LE « PIRE SOURD »

« Il n'est pire sourd que celui qui ne veut entendre. »

(Proverbe)

« Il n'a aucune lésion organique de l'oreille, mais il n'entend pas... ». L'enfant amené par sa mère est considéré comme sourd, mais aucun ORL n'a pu le tirer d'affaire. Dans ces cas-là, je suis souvent le spécialiste de la dernière chance, tant ce phénomène semble échapper aux règles élémentaires de la Faculté et de la logique.

Ce petit garçon était venu au monde dans un ménage en grande difficulté. Dès ses premiers jours il avait assisté, dans un appartement trop petit, à des scènes violentes entre ses parents. Le père rentrait dans un état d'ébriété avancé et faisait régner dans le foyer une véritable terreur qui se terminait parfois par des échanges de coups. La mère pouvait éventuellement se défendre, mais le bébé ? Alors, pour ne plus supporter cet effrayant vacarme, il s'est réfugié dans la position de l'autruche : se boucher les oreilles pour ne pas entendre tout ce vacarme et fuir cette insupportable source d'angoisse. La mère, persuadée que son fils est sourd de naissance, me montre des audiogrammes « plats » mais sans aucune lésion organique pouvant les expliquer.

Soumis à un test d'écoute, l'enfant révèle une coupure totale entre son oreille et le cerveau, qui reste sans réaction aux épreuves qui lui sont proposées. Après quelques semaines de stimulations auditives, il reconnaît la voix de sa mère et commence à tourner la tête quand il perçoit un bruit quelconque. Entre-temps, heureusement, le père a pris la poudre d'escampette, pour ne plus jamais revenir.

Ces enfants, malheureusement, sont plus nombreux qu'on ne le pense. Mais leur sort se confond avec celui des « autistes ». Pourtant la communication, chez eux, n'est pas totalement rompue. Elle passe par des voies extra-linguistiques plus ou moins facilement repérables. C'est, d'ailleurs, pour cette raison que nous pouvons les tirer d'affaire rapidement, au grand étonnement des otho-rhyno laryngologistes, pour qui l'oreille ne sert souvent qu'à faire des otites, sans voir que cette maladie, quand elle se reproduit, a une importante dimension psychosomatique. « L'otite à répétition » signale non seulement une série d'infections dont les antibiotiques ou les parasynthèses peuvent venir à bout, mais, entraînant des difficultés à entrer en communication avec les autres, elle exprime une « volonté » de supprimer le contact en éliminant du circuit le capteur auditif. L'enfant trouve dans cette somatisation un moyen d'étouffer son désir d'écoute.

LA FERMETURE À LA SÉLECTIVITÉ

Entre le « pire sourd » et l'enfant qui déploie son spectre auditif correctement, il y a autant de nuances que de manières de vivre.

Certains enfants ont tiré, entre le monde et eux, un rideau qui laisse passer la lumière, mais transforme les objets en vagues formes sans définition ou en images déformées. L'oreille dispose d'un pouvoir analogue et aussi discriminatif. Les sons se différencient en fonction de leur intensité, de leurs fréquences et de la valeur relative de chacune d'elles. L'écoute possède un sens aigu de la directivité et, en localisant les sons, aide l'enfant à se diriger et à s'orienter dans l'espace. Une oreille fermée à une telle sélectivité et qui a émoussé la pointe de ces mécanismes, ne perçoit du langage qu'un brouhaha aux significations flottantes et imprécises.

Si, devant une fenêtre, on place un volet à claire-voie, la vue devient partielle, le paysage tronqué et amputé. Ainsi, les astygmates souffrent-ils de véritables zones « blanches » dans leur vision. De même, dans une communication bancale, certains phonèmes se heurtent également à des résistances tenaces, et leur réception est éliminée de l'écoute, créant autour d'eux des zones de déformations. L'univers sonore fermé à certaines fréquences n'est fait que de creux et de bosses, de plaies et de bosses, devrais-je dire. Toutes ces fermetures, accumulées par un enfant en difficulté, se répercutent directement sur ses résultats scolaires et sur son comportement. Les mécanismes d'apprentissage ne « prennent » pas sur une communication aussi tordue, créant ainsi des bataillons de dyslexiques particulièrement typés.

PIERROT LA LUNE

Les élèves ont tous des instants d'inattention. Mais, interrogés brusquement par leur instituteur, ils sont souvent capables de répéter machinalement les derniers propos du cours. Même s'ils n'ont pas écouté d'une manière vigilante, ils ont entendu et leur oreille a fonctionné comme un magnétophone.

L'enfant « dans la lune » fait partie du folklore de tous nos souvenirs scolaires. Qu'il soit au fond de la classe ou au bord de la cour de récréation, rien ne semble le distraire de ses profondes rêveries. Le professeur et ses camarades ont pris l'habitude, pour lui parler, d'hausser le ton ou de lui taper sur l'épaule. Ces gosses sont la bête noire des enseignants et la risée de la classe. Tirés de leur torpeur, ils donnent des réponses ou ont des réactions tellement inadaptées, qu'elles font écrouler de rire l'assistance. Parfois, ils donnent l'impression d'être sous hypnose ou comme happés par un monde intérieur.

Deux attitudes bien distinctes nous placent en position d'écoute du monde extérieur, représentées par deux courbes complémentaires : l'aérienne et l'osseuse. Dans la première, les oreilles externes fonctionnent comme des écouteurs. Dans la seconde, c'est à une résonance et à une vibration interne que nous sommes sensibles.

La courbe aérienne est dominante, elle ouvre le pouvoir de la communication à l'interlocuteur. Mais elle ne domine pas pour autant la vibration interne qui permet de contrôler sa propre voix et de mesurer, par sa résonance, la force de pénétration d'un message dans tout le corps. En parlant, nous nous entendons également grâce à l'excitation de la conduction osseuse, qui attaque l'oreille interne comme le ferait des vibrateurs. Le message que nous communiquons subit un double contrôle : selon sa réception interne ou externe, il effectue une boucle cybernétique qui est à la source de la communication. La courbe osseuse c'est le contrôle de ce que l'on doit percevoir soi-même, la courbe aérienne, de ce que l'on dit à l'autre, les deux voies ayant comme assise de contrôle l'oreille interne qui donne la clef de cette boucle.

A l'inverse, certains cas présentent une conduction osseuse considérablement amoindrie, privant le sujet de tout contrôle de son discours. Celui-ci se transforme en cette logorrhée que nous rencontrons, de manière caricaturale, chez les « délirants ». L'enfant parle pour parler, comme un enfant ferait du bruit dans la nuit pour distraire son angoisse.

A la suite d'une série d'otites particulièrement sévères ou pour une raison psychologique, un enfant peut inverser ses courbes auditives et prendre une posture qui le fixe sur sa vibration interne. Le dialogue cesse, le contact est rompu. L'écoute, comme dans un miroir, se prend elle-même pour cible. Toujours sollicité par ses fantasmes, l'enfant décroche son attention en permanence. Il est ailleurs. Cette inversion varie, mais elle peut atteindre des dimensions colossales. J'ai rencontré des enfants dont la courbe osseuse était 100 fois supérieures à celle de leurs camarades. L'écoute extérieure perd, dans ces cas extrêmes, jusqu'à 35 décibels. Elle est proche de la surdité profonde.

Cette attitude affecte également la sélectivité des sons. Une inversion de la perception des aigus porte l'enfant à des rêveries tournées vers la construction d'un monde intérieur riche et complexe. On dit alors qu'il a beaucoup d'imagination. Mais, la communication avec l'autre étant rompue, ces artistes en herbe pourront difficilement nous faire partager leurs idées. Une fixation sur une bande passante, située en dehors de celle du langage, amoindrit la puissance de communication et entraîne l'enfant vers des préoccupations toute autres.

JACKIE, PAQUET DE NERFS

Si notre doux rêveur se transforme en marmotte, ce n'est pas le cas d'une autre figure typique de la classe : l'« agité du bocal ». Impossible de le fixer sur sa chaise. Il bouge, se retourne vers ses camarades, est incapable de fixer son attention sur un exercice et adore chahuter. Un véritable « paquet de nerfs ». De bonne composition, cet élève est toujours prêt à répondre au professeur. Son petit doigt se lève rapidement quand une interrogation est lancée à la volée. Hélas ! quand il prend la parole, les phrases sortent mal articulées, « boulées » dans un galimatias incompréhensible et dépourvu de toute logique. L'enfant s'en rend compte, souffre, mais repart de plus belle dans une nouvelle étourderie.

Dès les premiers mots de la dictée, les fautes sont au rendez-vous. Orthographe, syntaxe, calligraphie, rien ne lui résiste. D'ailleurs, dans cet exercice, l'enfant ne va jamais très loin. La plus simple activité, si elle demande un minimum d'attention, représente pour lui un obstacle infranchissable, comme une montagne à soulever.

Ces enfants, dit-on, « ne tiennent pas en place ». Ils ne tiennent pas, non plus, la distance. Le marais où ils sont enlisés révèle leur incapacité à se fixer des objectifs. Ils manquent de sens d'orientation et d'organisation. Le langage, qui est une machine structurée et dirigée, les trahit tout de suite. Mais, donnez-leur un arc et des flèches, d'un trait mal assuré, ils louperont également la cible à tous les coups...

Leur corps exprime aussi cette difficulté spatio-temporelle, cette latéralité cahotique, qui est à la source de leur handicap. Placés devant un orchestre symphonique, ce sont de piètres mélomanes, incapables d'associer une note à un instrument, tendant l'oreille vers la flûte quand ils croient entendre le hautbois. Les oreilles ne font guère de différence entre les graves et les aigus.

Ce handicap devient dangereux quand il s'agit de traverser une rue : ce véhicule dont le vrombissement se fait entendre, de quel côté vient-il ? Comme un radar désorienté, ils reçoivent du monde des signaux impossibles à localiser. Comme y réagirait-il correctement ? Par quel bout les prendre et les comprendre ?

LÉON LE BÈGUE

Il amuse ou il agace, cajolé, ou pris en pitié... le succès du bègue est toujours assuré. Son discours cahotique demande une attention renforcée de l'auditoire et le bègue adore qu'on s'occupe de lui. Pierrot la lune hésite devant un monde sans latéralité et finit, bon gré mal gré, par suivre une vague direction. Léon le bègue n'y parvient pas. Il ne fait aucune différence entre la droite et la gauche. Son discours si caractéristique est à l'image de son écoute. Ses deux oreilles se « marchent sur les pieds », elles semblent en concurrence. Aucune ne prend cette commande de l'écoute qui permet au discours de retrouver sa cohérence, son rythme et sa fluidité. Sa voix dévale comme un jeune torrent fougueux. Chaque mot, comme un rocher, est un obstacle à sa course.

La latéralité se décide entre deux et quatre ans. Avec elle, l'enfant quitte son état de bébé pour découvrir que le monde à un sens et un devenir. Certains, comme le bègue, refusent de franchir cette étape et.. de grandir. Paradoxalement, la peur de mourir est plus forte dans les jeunes années qu'à l'âge adulte.

Le bègue cède à un maître puissant qui sommeille en chacun de nous : le nourrisson qui, chaque matin, nous suggère de faire la grasse matinée au lieu de partir travailler. Nous avons appris à l'amadouer. Pas le bègue qui est devenu l'esclave d'un tyran. Il est très difficile d'éduquer ce genre d'enfant, car il a trouvé dans son handicap de phénoménales compensations, en bâtissant un monde intérieur éternellement jeune.

LES DÉBILES AFFECTIFS

Jackie, Léon, maintiennent pourtant le contact avec les autres. La communication passe, tant bien que mal. Mais, certains enfants ont mis le paquet en accumulant tous les systèmes de verrouillage. Maladroits, ils traînent leur corps comme un boulet, restent des heures sans dire un mot et ne s'intéressent à rien. Les propos du maître, les mots les plus simples à la maison passent à 10.000 années-lumière de leur cerveau et de leurs oreilles... Ils restent sans réaction. Leur courbe auditive est affaissée, presque écrasée. Les sons ne leur parviennent qu'étouffés et à travers mille distorsions. On les prendrait pour des sourds et muets, s'ils ne lâchaient parfois de vagues propos d'une voix morne, terne et privée d'harmoniques.

A l'école, les professeurs se sont résignés à les considérer comme d'« indécrottables crétins » ou des « cancres tenaces ». Il les ont installés au fond de la classe où ils auront tout loisir pour préparer leur redoublement et bientôt leur éviction du système scolaire normal. Les médecins consultés les rangent dans la catégorie des « débiles légers » et laissent peu d'espoir aux parents. Pourtant, avec un peu d'attention et d'amour, on remarque chez eux, dans un regard, dans un geste, dans un bout de phrase, des éclairs fugaces de lucidité et d'intelligence. Ils lancent des SOS, car leur état n'a rien à voir avec une tare génétique quelconque. Ils sont devenus « débiles » par la force des choses mais, au départ ils sont surtout victimes d'un profond blocage affectif.

L'éducation de ce genre d'enfant n'est pas une chose facile à réaliser, à cause de son environnement qui le considère comme irrécupérable. Il manifeste cependant des signes de progrès qui peuvent d'ailleur passer pour une « régression ». En effet, l'enfant en « s'éveilant » retrouve un comportement qui ne correspond pas à son âge réel. Il reprend la route depuis l'endroit de sa chute.

Si un tout petit donne une « tape » à sa mère, l'entourage jugera cette attitude d'agressivité comme la marque plutôt sympathique d'un caractère qui se façonne. Si un grand gamin costaud de douze ans se comporte de la même manière, ce geste (qui peut être dangereux !) passera pour une inqualifiable agression et l'expression d'une profonde méchanceté. Or, le débile reprend le chemin du nourrisson qu'il n'a pas fini d'être, avec ses sautes d'humeur, ses maladresses, son évolution sinueuse et hasardeuse. Paradoxalement, il avance en faisant machine arrière. Il récupère ses premiers mécanismes d'apprentissage abandonné en cours de route. La famille hésite à le suivre car, elle aussi a l'impression de revenir quelques années en arrière. Mais, si l'enfant ne rencontre pas, dans ce nouveau départ, un environnement attentif et sollicitant, son évolution subira un coup d'arrêt supplémentaire, peut-être définitif.

L'enfant reconstruira son langage avec maladresse, hésitations.

L'évolution sera contournée, ponctuée de retour en arrière, comme une marée qui prend son temps et voit sa course retardée par des dunes ou des rochers. Mais, s'il dit « CEVAL » au lieu de « Cheval », c'est déjà mieux que « Dada » ! Il y a dans cette évolution la reconstitution d'une phonétique à laquelle les parents — retrouvant leur rôle d'éducateurs — doivent être sensibles. Mais, cette évolution est fragile et l'enfant, comme un escargot qui sort de sa coquille, se referme au moindre mouvement agressif. Bien « coaché », il va corriger lui-même ses défauts, organiser ses nouveaux codages.

Plus son langage s'élabore, plus son vocabulaire s'enrichit et plus son oreille s'ouvre comme un diaphragme. En s'affinant, celle-ci gagnera dans la perception des « aigus », déploiera son spectre sur une plus large étendue constituant la base d'une meilleure maîtrise du corps.

RENCONTRE DE TROIS AUTRES TYPES

Le bafouilleur, le sourd, le paumé et l'agité forment déjà une belle galerie de portraits. Ces élèves sont les premiers candidats à l'échec scolaire, car ils sont tous en décalage dans la sphère de la communication et de l'écoute. Sans former la majorité de la classe, ils manifestent des troubles — comme des traits de caractère — qui peuvent d'ailleurs se retrouver à des degrés divers chez un nombre important d'élèves.

Mais les autres ? Forment-ils une caste privilégiée aux performances interchangeables ? Y a-t-il un étalon-or de la communication ?

Pour ce qui est de l'oreille, comme dans le domaine de la morphologie, nous détectons trois types de tempéraments. Vus à l'état pur, ils sont tous les trois bien spécifiques. En fait, nous sommes des mélanges, mais il existe des traits dominants.

BODY PHYSICAL

« C'est de la bonne pâte », a-t-on l'habitude de dire en parlant de ce garçon costaud, toujours de bonne humeur et qui construit sa scolarité sans problème particulier. C'est également « de la bonne oreille ». Son écoute, ouverte sans difficulté sur tout le spectre sonore, présente une courbe harmonieuse épousant correctement les graves et les aigus.

S'arrangeant de tout, ces enfants sont joviaux, truculents, toujours de bonne humeur. Aucune remarque désobligeante ne semble les atteindre. Ils sont parfois un peu turbulents, mais c'est parce qu'ils manifestent trop bruyamment leur joie de vivre à travers une solide constitution physique. Leur écoute ouverte sur tout le spectre corporel maîtrise parfaitement le système nerveux. Physiquement, ils sont « rablés » et robustes. Ils n'ont pas de problèmes de langage ni de troubles particuliers de la personnalité. Autant dire que nous ne les voyons jamais en consultation.

LE RAISONNEUR

Une courbe auditive « en dôme », avec perte dans les graves et perception médiocre des aigus indique, chez un enfant, un caractère raisonné et raisonneur. Ce garçon manifestera une propension à s'enferrer dans une logique parfois proche de l'entêtement. Attiré par les sciences exactes, il s'intéresse aux mathématiques ou au droit. Aimant les efforts physiques, il tient souvent à se construire une solide musculature. Le sport l'attire, car il y développe son amour de la compétition et y retrouve son goût pour les règles bien établies. Le raisonneur n'aime pas le hasard et se fie peu à son intuition. Il a barré en lui ses impulsions à la créativité et son caractère le rend méfiant, parfois intolérant ou agressif vis-à-vis de phénomènes qui échappent à son univers.

ÉMOTION GARANTIE

Une écoute particulièrement sensible aux sons aigus est le signe d'un tempérament émotif. Les fréquences hautes ont le pouvoir d'être intégrés très rapidement par le cerveau. Plus rapides et plus nombreuses que les fréquences graves, elles mettent le système nerveux directement en action et déclenchent des sensations d'une grande richesse. Ce grand sensible, à la silhouette longiforme, a des antennes extraordinaires qui en font un psychologue né. Pour cet enfant, tout a valeur de signe mais il manque d'humour. Nous le voyons souvent en consultation, car il est fragile et a besoin d'être protégé plus que les autres. Pendant les récréations, il restent souvent seul pendant que ses camarades jouent. Il n'en souffre pas car son plaisir est d'observer les autres. Tout lui paraît fade à côté de la dynamique du vécu intérieur.

Le « physique » se balade dans un univers horizontal, le raisonneur se meut dans les sphères de l'intellect et l'émotif plane au-dessus de tout le monde. Chacun a ses propres limites et, pris dans l'absolu, peut développer une pathologie. Le premier, bloqué sur l'horizontal, ne verra pas plus loin que le bout de son nez, le second, entraîné par ses rationalisations ne comptera guère au-delà de 2 + 2 = 4, et le troisième aura une fâcheuse propension à perdre le sens des réalités ou à déraper dans l'ésotérisme.

Ces caractères n'ont rien à voir avec l'intelligence pure. Ils indiquent l'ouverture d'un enfant à la communication et la manière dont il intègre son environnement. Les enseignants y trouveront une explication aux relations amicales ou conflictuelles qui se forment entre les élèves à l'intérieur ou à l'extérieur de l'école. Les enfants choisissent souvent pour ami un garçon ou une fille de tempérament opposé. Un trio d'inséparables est fait souvent d'une harmonisation entre un « bon gros sympathique », un « intellectuel attentif » et un « doux rêveur ». Mais le proverbe « qui se ressemble s'assemble » retrouve sa vérité dès qu'on passe au groupe. Emettant sur une longueur d'ondes identique, les courbes auditives de même tempérament s'emboîtent les unes dans les autres comme des poupées russes. Quand ils sont en nombre trop important, les caractères différents sont en porte à faux et ont du mal à faire coïncider leurs courants de sympathie.

Les enfants sont particulièrement sensibles à ces accrochages spontanés et irrationnels entre les êtres. Devenus adultes, nous perdons cette capacité à communiquer de manière extra-linguistique. Parfois, nous la retrouvons dans des situations un peu originales. Qui, par exemple, n'a pas senti un regard insistant se poser derrière son dos, dans le métro ou à la terrasse d'un café ? Nous détournons immédiatement la tête pour retrouver un vieil ami, une relation perdue de longue date, quelqu'un qui avait une raison bien particulière de nous observer ainsi à la dérobée. Nous sommes démunis devant de tels phénomènes. Ils prouvent que l'écoute ne se réduit pas à la simple audition. Ces fameuses antennes mobiles sollicitent notre système nerveux en totalité. Un jour, peut-être, saurons-nous les utiliser.

XIII

UNE BALADE
DANS LA MATIÈRE GRISE

1

Les parents sont parfois pris de vertige devant la quantité de travail que demande l'école. A la moindre difficulté, ils n'hésitent pas à mettre en accusation un système qui « force les enfants à apprendre trop de choses et les fatigue inutilement ». Se rendent-ils compte que, dès sa conception, l'embryon-fœtus » se développe parce qu'il « apprend » à réagir et à se comporter dans un environnement d'abord restreint puis, dès sa naissance, infini ? Plus tard, sa première restitution correcte d'un mot suppose que son cerveau et son oreille aient « digéré » une quantité invraisemblable d'informations (sous forme de paramètres acoustiques d'analyses de fréquences, mais également de posture du corps, etc.). Savent-ils qu'il y a plus de « notes » dans l'émission d'une simple phrase que dans une symphonie de Beethoven ?

Il ne viendrait à l'idée de personne de parler de surmenage ou d'activité artificielle dans le développement physiologique du bébé ou dans l'acquisition du langage. Pourtant, ces mécanismes « de fond » sont les cousins « issus de germains » des apprentissages auquel l'enfant est soumis à l'école. La différence tient à l'automatisme des processus d'intégration obtenu par les premiers et à l'effort conscient que demandent les seconds.

Passé la première sensation, la plupart de nos gestes acquis ou développés (marcher, se tenir droit, courir...) échappent à la volonté. Ils deviennent des parties du système nerveux. Il y a une intelligence interne des cellules qui, dans une course analytique et synthétique, communiquent entre elles et vont gérer l'information au plus profond du cerveau. Celle-ci va, peu à peu, se décanter et atteindre, de bonds en bonds, des niveaux d'abstraction de plus en plus élevés. Ces emmagasinements « spontanés », se produisent aussi bien devant un livre, en regardant la télévision, en suivant une conversation ou à l'écoute d'un professeur. La raison d'être de l'école (à défaut de sa réalité), ne crée pas de rupture entre l'enfant et la vie. Quand il apprend bien, il sait « jusqu'au bout des doigts ». Il transforme une information extérieure en automatisme personnel. Quand il le faudra, il la ressortira « à l'identique » (c'est la signification exacte de l'expression latine : « ad integrum »), mais enrichie de son propre filtre et de sa personnalité.

2

Quoi de plus attendrissant que les premiers pas maladroits d'un bébé ou ses premières tentatives pour parler ? Il a, à cette époque, droit à toutes les attentions et toutes les sollicitations. Devenu un « grand dadais » de dix ou onze ans qui renâcle devant une dictée ou un exercice de lecture à haute voix, les attitudes changent à son égard. Les parents, à la moindre difficulté, s'affolent, culpabilisent, accusent, récusent, en decouvrant qu'ils n'ont pas fait un enfant... mais un « dyslexique ». Le petit clown qui se taillait un franc succès en perdant l'équilibre, retrouvera quelques années plus tard — quand il sera mis en présence d'une suite de lettres à déchiffrer — de difficultés analogues.

MIAM-MIAM

Entre le petit garçon et le monde, il y a une longue tentative d'échanges qui est à la source du drame humain. L'enfant ressent en lui une césure entre sa dynamique de vie qui le pousse en avant et l'instrument dont il a besoin pour réaliser son désir. Il est à la fois le metteur en scène et l'acteur, l'entrepreneur et l'ouvrier. Parfois, le profit est mince et pour tout salaire il ne reçoit que désillusions et frustrations. Ces contradictions, quand elles sont mal assumées, deviennent alors source de blocage, de retard ou de repli.

Le corps se positionne et se constitue avec la découverte de l'environnement. Avec ses petites mains, le bébé dans son couffin saisit tout ce qui passe à sa portée. Il touche les objets, comme des parties de son propre corps, les porte à sa bouche, les suce puis essaie de les dévorer. Ce premier contact cannibalique avec le monde trouve vite ses limites : jamais un ventre ne sera assez grand pour tout avaler !

Avec l'œil, le monde apparaît dans sa définition spatiale et sa dimension extérieure. L'enfant prend conscience du volume, des couleurs et ses mains plus expertes apprennent à évaluer le poids, la consistance des objets. Mais le regard, s'il ouvre sur l'espace, souligne la distance et l'étrangeté de ce monde. Les formes lontaines paraissent si grandes, si effrayantes aux yeux d'un tout petit. Comment isoler tous ces objets et les transmettre à l'autre ?

ALLO, MAMAN... J'ÉCOUTE

Tout « embryo-fœtus » déjà, l'enfant sentait à son oreille une vibration le chatouiller. In utero, des sons filtrés lui apportaient de l'énergie et une sorte de flux d'informations dans lequel il baignait comme un poisson dans l'eau. L'oreille, à la naissance, a transformé son mode de réception des sons, mais le bébé en reconnaît certains, surtout ceux qui sortent de la bouche de sa mère.

Alors, il découvre en lui une capacité qui l'émerveille : celle de reproduire ce qu'il entend. Peu à peu, à force de roucoulades et de bains désordonnés, il se construit, pièces par pièces, un Lego sonique. Ce jeu l'amuse d'autant plus qu'il prend conscience qu'avec ses premières tentatives, tout son corps se met à vibrer avec sa voix et qu'il déclenche autour de lui des réactions agréables.

C'est par l'oreille que l'enfant devient un petit maître du monde. Quand l'œil repousse l'objet, la voix se l'approprie. En « dénommant », il peut le faire revenir à sa guise. L'enfant s'est aperçu que ce monde qu'il avait touché et regardé, il pouvait, en le dénommant, l'intégrer encore plus profondément en lui, se le remémorer et le communiquer aux autres. Quel pouvoir fantastique ! La parole marque notre supériorité sur tous les animaux de la planète. Mais, elle n'est que l'effet d'un don beaucoup plus vaste : celui de l'écoute.

Ce mouvement d'ouverture, cet élan vers les autres, cette curiosité insatiable, ce désir profond de toucher, de s'approprier... pour tout dire : cette soif de communiquer n'ont pas de contre-exemple. Tous les enfants du monde la partagent et la reçoivent comme un héritage génétique. La « machine » peut être enrayée, certains êtres cruellement défavorisés par la vie, mais un trait commun — comme une signature ou une marque de fabrique — demeure : l'homme face à l'univers se présente dans une position et un désir d'intégration.

Si nous disposions d'un magnétophone capable des mêmes performances que notre cerveau, disposant d'intégrateurs analogues dans leur précision à nos appareils sensoriels, personne ne s'étonnerait que deux modèles de ce produit « High tech » amènent des résultats potentiellement identiques. Dans ces propos, il n'y a aucune conception mécaniste de l'homme ni vue angélique sur son destin.

3

Le nourrisson apprend à marcher en luttant contre la pesanteur et en assumant son désir de verticalité. Plus tard, il s'aperçoit que, par le langage, il intègre dans son cerveau l'univers qui se présente à lui. D'« infans », il est devenu capable de parler en écoutant les autres, en tendant l'oreille... « et la bonne » rajoute le proverbe. Depuis sa conception, il est entré dans une dynamique (pratiquement un œcuménisme !) de fonctions qui, couches après couches, l'inonde d'informations et le fait progresser.

Un enfant, avec une bonne oreille, ressortira « ad integrum » le son qu'il perçoit. C'est déjà l'acquisition d'un mécanisme fort complexe. Si cet enfant, en voulant dire « crayon », lance à son interlocuteur « draillon », ou « graillon », cette déformation fera peut-être rire l'assistance si le gosse est tout petit, mais elle aura aussi une profonde signification. Un son reproduit est un son entendu, et son oreille hésite entre les « CR », les « DR » et les « GR ». Dans les premières années de la vie, ce genre d'hésitation est typique, mais s'il persiste plus tard, c'est tout une partie de la subtile chaîne acoustique qui sera perturbée.

L'enfant « dur d'oreille » sur une fréquence précise reçoit les messages comme un paquet de sons mal ficelé. Il marque un temps d'arrêt. Ne reconnaissant pas un mot, il s'appuie sur le contexte et s'arrange comme il peut. Le décodage lui fera perdre un temps fou. Si, entre-temps, un autre message lui a été adressé, il va le rater, perdant ainsi peu à peu le fil de la conversation. La communication devient une course à obstacles qui, accumulés les uns sur les autres, épuisent l'enfant qui trotte après la signification du monde.

Avec un petit grain de sable coincé dans l'oreille, l'écoute — comme ouverture vers le monde — subit ainsi un léger contretemps et met progressivement l'auditeur en décalage avec le monde. Une bonne écoute suppose une fluidité dans l'émission et la réception des messages. Les phénomènes sont décryptés et reconnus à mesure qu'ils sont énoncés. La langue est incrustée dans tout le corps qui, tendu vers l'autre, la reconnaît comme sienne, puisqu'il l'a déjà intégrée.

4

L'œil à côté de l'oreille fait figure d'un gadget à la mode. Nous avons réduit l'oreille à son aspect externe et à ses dimensions de simple audition. Or elle est le plus archaïque de nos appareils sensoriels. Dans la nuit utérine, elle fonctionne dès le quatrième mois d'existence du fœtus et, dans la nuit des temps, sa trace remonte, sans doute, aux origines de la vie.

L'essentiel de ses activités se situe — au-delà du pavillon et du tympan — dans sa partie interne. Au creux de l'oreille, niche un petit engin à la forme biscornue connu sous le nom de labyrinthe et formé de deux éléments : le vestibule et la cochlée, chacun chargé d'une mission redoutable : relayer entre elles toutes les informations dont le corps a besoin (c'est le rôle du vestibule), collecter et décoder tous les mouvements sonores (c'est le rôle de la cochlée).

LE VESTIBULE : UN RADAR

Tout le monde admet l'importance de l'oreille dans le contrôle de l'équilibre. Les otites et autres gênes passagères ont de profondes répercussions sur la motricité. La partie vestibulaire de l'oreille est un radar ouvert « tous azimuts » et piloté par le plus puissant des computers. L'équilibre, mais aussi le déplacement, la coordination des mouvements passent par lui. Il instaure un dialogue entre le corps et l'extérieur, entre les organes, les muscles, les viscères, les membres... Sensible au moindre déplacement cellulaire, rien ne lui échappe... de la racine des cheveux à la plante des pieds. Les automatismes profonds ou les nouvelles intégrations à assumer au cours d'un développement passent par lui. Dans la lente et très ancienne histoire de la vie, cet appareil est l'ancêtre de notre système nerveux et sa partie la plus archaïque.

LA COCHLÉE : UN DÉCODEUR

Le vestibule dispose d'un allié solide dans un petit compagnon spécialisé dans l'analyse de mouvements bien particuliers : les sons. Si le tympan est une membrane résonnante, la cochlée est une pièce beaucoup plus subtile et sensible à la moindre vibration acoustique, à celle du langage en particulier.

Appendice du vestibule, elle lui apporte comme l'eau au moulin, un train d'ondes décodés. Ceux-ci, en fonction de leur nature, seront mis en rapport avec d'autres éléments du corps et déclencheront (ou pas !) une réaction adaptée.

LE MANTEAU

Le vestibule a été à l'origine de noyaux chargés de différencier ses fonctions. Progressivement est ainsi né le plus prestigieux de nos organes : le cerveau vestibulaire. Les spécialistes discutent encore du nombre de ces « noyaux relais ». Il y en aurait quatre, cinq ou six. C'est selon. Ils ont pour charge d'asperger tous les muscles du corps, sans aucune exception. En retour, l'information circule par les fibres nerveuses qui tiennent le vestibule informé de tout ce qui se passe et le rend capable d'assumer son rôle de radar.

Cette lente évolution s'est faite pas étapes. La neurologie nous explique que chaque partie du cerveau a ses activités propres. Le vestibule trouve sa projection directe dans la première partie du cervelet. Le second noyau contrôle l'action, collecte les informations liées à son bon déroulement et établit les corrections éventuelles. Les opérations qui dépendent de lui ont une vue d'ensemble sur le corps, car le moindre geste — aussi précis et limité soit-il — demande une harmonisation ou une contre-réaction du sujet en totalité. Quand un enfant se saisit d'une craie pour dessiner au tableau, c'est son vestibule qui opère.

La cochlée est l'organe de tutelle de la partie la plus récente du cerveau : le manteau. Cette dernière couche — comme son nom l'indique — recouvre les précédentes. Elle permet aux informations acoustiques et linguistiques de s'intégrer aux parties plus basses et ainsi d'asperger le corps en totalité. Le manteau intègre le langage au reste du corps qu'il « sonorise » en permanence.

DE DROITE OU DE GAUCHE ?

Le cerveau s'est, au cours de son histoire, divisé en deux hémisphères, un de droite et un de gauche. Les recherches neurologiques ne soulignent, entre eux, sur le plan anatomique, que des différences minimes. En revanche, sur le plan fonctionnel, ils se sont petit à petit séparés. Chacun est devenu le siège de fonctions précises et localisées tantôt à droite, tantôt à gauche sans aucune possibilité d'inversion. Ainsi, les opérations motrices du langage sont effectuées sur le cerveau gauche qui contrôle les activités du précédent.

Il y a donc un chemin naturel pour « attaquer » le cerveau et obtenir un « rendement » optimum d'une fonction (celle du langage par exemple). Mais, les erreurs de parcours sont fréquentes. Les gauchers, par exemple, ont tourné le dos à la flèche indiquant la direction rapide et pris une route de traverse. Le temps de réaction du cerveau est sensiblement plus lent chez eux, même s'ils arrivent à des résultats souvent aussi performants que les droitiers.

Certains restent coincés au carrefour et se montrent incapables de choisir entre la droite et la gauche. Ils sont non-latéralisés. C'est un terrible handicap. Le système nerveux reçoit une tornade d'informatins contradictoires qui le laissent sans réaction ni possibilités d'adaptation. Sans latéralité, le monde arrive en spirale dans un cerveau incapable de localiser jusqu'aux perceptions les plus élémentaires.

Ces enfants, en classe, deviendront les plus aguerris des dyslexiques. Des mécanismes d'apprentissage aussi simples que dessiner, prendre un objet correctement... n'ont que du vent et du sable mouvant pour assise. Et, « à fondation branlante, maison lézardée »...

Les sons et le langage sont également emportés, tels des fétus de paille dans cette tempête générale. Mal perçus par la cochlée (viennent-ils de la droite, de la gauche ?), mal distribué à travers le corps, ils entraînent des réactions désorganisées dans un capharnaüm acoustique.

4

Double langage

Avec l'appareil vestibulaire, nous sommes déjà dans l'univers de la communication et de l'écoute. Car, la sensibilité au mouvement est un dialogue avec l'environnement et un échange du corps avec lui-même. Peu à peu, l'enfant se constitue des petits automatismes qui vont s'intégrer et s'accumuler dans une mémoire purement gestuelle et qui retrouve des mécanismes innés : l'équilibre, la marche, la verticalité, la parole... Avancer le bras implique que j'ai déjà intégré ce geste et que je reçois une sensation me confirmant la bonne exécution de l'opération. Le vestibule assure ainsi une boucle cybernétique, comme le fait n'importe quel ordinateur : les informations suivent un parcours circulaire où elles sont envoyées, reçues et contrôlées après avoir atteint leur cible.

Un informaticien et son clavier, un musicien et son instrument, une dactylo et son traitement de texte, transfèrent leur corps au bout des touches de leur appareil qui est devenu une fonction parmi d'autres. Comme monsieur Jourdain faisait de la prose sans le savoir, nous réalisons tous les jours des extensions de la fonction vestibulaire interne à l'oreille. Si vous faites des fautes d'orthographe, des fausses notes, une erreur de manipulation, inutile de vous en prendre à la machine. C'est la commande de la fonction qui a des problèmes. Le message n'est pas passé parce qu'il n'a pas été incorporé, intégré dans le corps par l'intermédiaire du vestibule. Les bureaux sont ainsi remplis de dyslexiques informatisés !

Cette harmonisation construit ainsi progressivement « l'image du corps ». Elle est la conséquence du langage, car celui-ci éveille une représentation progressive des plages sensorielles qu'il « asperge ».

En fait, rien n'échange au langage. Il a créé une dynamique parallèle, greffant un mot sur un geste, un discours sur une attitude. Quand le corps prend une direction, le langage suit, à l'unisson. La « verbalisation » est un geste de plus associé au « vouloir dire » du corps dans son intégralité. Nous avons perdu cette perception très physique du langage. Mais les enfants comprennent aisément cette incarnation des mots et des sons. La découverte du langage ressemble à celle d'une nouvelle partie du corps. La parole est, pour eux, un membre supplémentaire, aussi souple que la jambe ou le bras, aussi concret et précis que la main. Ils en parlent souvent comme « de la crème chantilly dégoulinant du visage, coulant sur la peau et produisant des sensations partout ».

Le son ne se contente pas de rebondir sur le tympan ou de rester accroché à l'oreille, comme une boucle. Si c'était le cas, comment expliquer que certains pénètrent si profondément à l'intérieur de nous ? En écoutant une musique émouvante, « nos poils se dressent », la peau à la « chair de poule ». Un interlocuteur qui surprend par ses propos, « estomaque ». Ses mots, s'ils sonnent juste, « touchent ». Un bon chanteur fait vibrer le corps en totalité. Faut-il rappeler la puissance de la voix chez les hypnotiseurs et l'efficacité des « mantras » ? Certains cris « glacent », d'autres « tuent » ou paralysent comme le fameux « Kiaï » japonais... La langue française regorge d'expressions toutes faites où le lien entre le monde acoustique (parlé, joué ou chanté) et le corps est évident. Les quelques explications neurologiques précédentes expliquent aussi ce phénomène. Ceci n'a rien de paranormal. Le son, en attaquant la cochlée, asperge toutes les tranches contrôlées par le vestibule.

Certaines zones, en raison de leur richesse en terminaisons nerveuses, sont plus sensibles à ce phénomène. La coulée verbale s'étale ainsi de manière privilégiée sur le visage, le thorax, le ventre, les paumes de la main, la face intérieure des membres inférieurs ou la plante des pieds. On remarquera que toutes ces parties sont exposées au langage en raison de la verticalité du corps. Celle-ci est une preuve majeure de la puissance énergétisante de la parole. L'oreille, régulateur de l'équilibre, est le moteur de cette ascension progressive. Elle assure la verticalité afin de renforcer l'efficacité de sa fonction majeure : l'Ecoute.

Dans une conversation, l'oreille (la droite de préférence) aide à contrôler notre discours pour en mesurer l'efficacité, la justesse de ton, le débit... Mais la peau joue également son rôle et, singulièrement celle de notre main droite. Les avocats, les hommes politiques — tous ceux qui ont fait de l'exercice du discours une activité professionnelle — sont représentés traditionnellement le bras droit s'agitant devant la bouche. Cette image ne date pas d'hier. Le Gréco l'a illustrée dans un très beau tableau de Saint Paul haranguant la foule, la main devant la bouche. Sur le plan neurologique ce phénomène est facile à expliquer : la projection de la main droite sur le cerveau correspond à la zone d'excitation du langage. Ne dit-on pas des Italiens qu'ils parlent avec leurs mains ? Celles-ci fonctionnent comme des véritables génératrices de son, le premier de nos microphones. Légèrement fermée et placée à 15 ou 20 cm de la bouche, la main donne à la voix plus de présence et d'énergie. C'est un excellent « truc » pour aider un bègue ou une personne en difficulté d'élocution. Entre l'oreille « leader », la main droite et la bouche s'établit ainsi une boucle naturelle organisant un contrôle total de la réception et de l'émission de la voix.

Chaque type de discours est lié à une référence corporelle. En tapant sur la table d'un poing rageur, le discours suit et devient aggressif. Si, alors que la voix conserve cette violence, la main droite s'élance dans des mouvements harmonieux et ondulatoires, le ton, se calme, tombe et retrouve l'apaisement. Prononcer un discours à quatre pattes est ridicule, mais surtout impossible car, le langage dans cette position, ne retrouve pas une posture en harmonie avec les propos.

Ce lien organique entre le langage et son « innervation » dans le corps est évident dans certains « cas limites », la plupart, hélas, tragiques. Un enfant qui se fracture la main droite manifeste aussitôt (surtout s'il est très jeune) des difficultés d'élocution. Il perd également certaines fréquences vocales. Bref : son langage est aussi dans le plâtre !

Les adultes victimes d'un accident qui les prive momentanément de l'usage d'une jambe ou d'un bras droit constatent qu'ils perdent certaines facilités d'expression. La voix tombe, des troubles de langage apparaissent...

Les polyomélitiques ou les handicapés de naissance ont plus de difficulté que leurs camarades valides à entrer dans le langage. L'acquisition des mécanismes de base d'apprentissage est plus lente également.

Une amputation ne prive pas seulement la victime de son membre. Elle supprime également sa projection sur le cerveau et, avec elle, des longueurs d'ondes représentant des zones de langage. Fort heureusement, le système nerveux peut récupérer les champs linguistiques effondrés en réveillant les parties devenues insensibles et en redonnant à l'amputé une image physique des systèmes endommagés. Cette rééducation provoque même des sensations corporelles, connues sous le nom de phénomènes dits de « membres fantômes ».

L'oreille sonorise le corps. En fait chaque train acoustique a sa résonance... et sa place en lui. Si le vestibule est un giroscope, fouetté par des milliers d'informations, la cochlée est un sextant qui attribue à l'émission ou à la réception des sons une posture d'écoute précise et une réaction modulée. On imagine le désordre qui en résulterait, si tel n'était pas le cas ! Les chanteurs lyriques ou les simples participants à une chorale connaissent bien ce lien concret existant entre une bonne verticalité et une émission correcte du larynx. Elle leur permet, entre autres de disposer de leurs corps comme d'un instrument écoutant.

UN REVE... SUPER-SONIQUE

Tous les sons ne pénètrent-ils pas en nous comme des Kiaï ou des « mantras » ? Cette question laisse rêveur et m'invite à poursuivre une plongée dans la neurologie avec mes lecteurs les plus attentifs.

Avant de pénétrer dans le dédale de l'oreille interne, le son frappe à une autre porte : le nerf pneumogastique. Le Vague (c'est son autre nom) a, au niveau du tympan, une sorte d'émergence. Cette importante terminaison nerveuse que le son va frapper est relié au nerf vagal qui, à lui seul, représente la presque totalité du système parasympathique. Il innerve le tympan, la partie basse du conducteur auditif externe, l'oreille moyenne au niveau du muscle de l'étrier en sa sensibilité, le pharynx, le larynx, les viscères abdominaux... Son nom signifierait qu'il marche en parallèle avec le système sympathique qui commande, lui, l'ensemble de nos fonctions végétatives. Ils marchent ou devraient marcher main dans la main.

Un jour, le para-sympathique s'est fermé à son voisin en raison de trop fortes pollutions sonores, vécues comme des aggressions et entraînant, sans doute, des perturbations dans son système. Ce divorce a brisé un pont entre l'oreille et notre viscéralité et supprimé ainsi une porte d'accès ouvrant sur nos fonctions les plus internes.

Si nous en retrouvions l'usage, par l'oreille, nous disposerions d'une sonde capable de pénétrer au cœur de nos plus lointaines cellules. Seuls de très grands yogis arrivent à de tels résultats. Mais au prix d'une vie toute entière consacrée à l'ascèse !... Nous aurions là, les bases d'un toute nouvelle médecine, le prolongement naturel de la thérapie par l'écoute que je propose depuis des années.

5

Le corps est immergé dans un monde de sons. En permanence. Nécessaire à sa survie, le bain acoustique apporte énergie et informations. Coupez un homme de toutes sources sonores... il devient fou. Les trains d'ondes sont intégrés en fonction de mille paramètres : hauteur, puissance, intensité... Chacun atteint une zone précise, un organe, un membre. Nous sommes comme une torche vibrante, un micro ultra-sensible.

A force de diviser le corps humain en autant de parties qu'il y a de médecins spécialistes, nous avons perdu de vue sa profonde unité. L'écoute est réduite à un simple effet de résonnance sur le tympan et le système nerveux à un entrelacement de fils tortillés sur eux mêmes. Or, l'audition n'est pas l'écoute et nos réactions profondes ne se confondent pas avec leur effet purement mécaniques. Le système nerveux est communiquant, il prend ses informations au creux de l'oreille et les transmet au bout de nos cellules. Le cerveau en est la tête de pont, mais il a fait également de la peau une de ses parties différenciée. Nos 3,7 kg d'épiderme sont la métamorphose — au bout de millénaires et de millénaires d'histoire — d'un organe commun à l'oreille et au cerveau : celui de Corti.

Julio Iglesias, interrogé par Claude Fléouter sur une fin éventuelle de sa carrière, lui a répondu que, pour lui, c'était impossible à envisager : « Je suis né pour la musique et sur scène chaque soir je revis. » Comme le journaliste lui demandait de s'expliquer davantage, la star internationale lui a expliqué mieux qu'aucun traité de neurologie pourrait le faire : « Quand je chante, je perds 30 ans, je redeviens un petit garçon de 15 ans. J'ai l'impression que toute ma peau change. Je la sens beaucoup plus vibrer au bout de mes doigts. Je retrouve la jeunesse ».

Une oreille, qui par réaction de défense, coupe la réception d'une catégorie de fréquences, se crée involontairement une zone de surdité. Mais, elle supprime aussi la correspondance entre un train d'ondes et le corps. Elle se prive d'une dimension linguistique et donc symbolique. Dans cette contre-réaction de défense, en créant une distorsion, elle vient de fermer une des portes de l'univers.

Un père a l'habitude de vociférer sans raison à la maison. Devant cette agression incompréhensible et qui le laisse démuni, le bébé, déjà réfractaire aux fréquences graves, a une réaction de panique, puis de défense. Comme le ferait un adulte avec un poste de radio qui braille : il coupe. Son spectre sonore devient imperméable à la voix d'homme, une zone située entre 1 000 et 2 000 Hertz. Celle-ci a sa projection naturelle sur le plexus solaire. Est-ce un hasard si le soleil est associé dans l'imagerie enfantine et mythologique à une image paternelle ?

Mais, en se fermant au père, l'enfant se coupe de tous ses représentants et dérivés : l'autorité, l'avenir, l'engagement dans le social...

Une mère trop envahissante peut être l'objet d'une même mésaventure. L'enfant, ne voulant plus l'entendre, supprime la réception des aigus (à partir de 2 000 Hertz), zone de prédilection de la voix maternelle. Cette rupture le privera de l'écoute de tous les substituts maternels. Il aura donc du mal à comprendre sa maîtresse à l'école. Quand, en sixième, il voudra apprendre l'anglais, il aura les pires difficultés, car cette langue ne joue que sur les fréquences hautes. Etrangères à sa culture, la langue de Shakespeare, le sera également à son système nerveux. Voilà un double blocage réussi.

6

Quelques idées à se mettre dans le crâne pour comprendre le cerveau

Bien caché au creux de l'oreille, le vestibule est une amorce du système nerveux, un véritable petit cerveau primitif chargé plus particulièrement de commander les fonctions du corps et d'y organiser le flux des informations. Son appendice, la cochlée s'est spécialisée dans le traitement du son. Telle une antenne, elle est chargée de repérer les trains d'ondes acoustiques. Mais son rôle dépasse la simple réception ou audition des messages. Après les avoir identifiés, elle les diffuse sur le corps par l'intermédiaire du vestibule. Le corps, malaxé par les trains d'ondes repérés par la cochlée, devient lui-même une sorte d'oreille déployée comme un étendard, une antenne vibrante. L'incorporéisation des sons se fait à travers un cheminement qui tient compte de mille paramètres : l'intégration précédente des messages, leur intensité, la différence entre graves et aigus... etc. Si, pour paraphraser Pascal « le roseau pense », c'est parce qu'il écoute. Le corps et le monde vibrent sur une même fréquence.

Peu à peu, l'enfant se constitue son propre filtre et dévoile ses aptitudes. Chacun intègre à sa manière les messages et les disperse sur le cerveau en fonction de sa nature, de son histoire personnelle et de son caractère. L'écoute idéale existe, mais pas le modèle, pas la norme. Il n'y a pas d'oreille universelle dictant sa loi. L'enfant s'il entend bien, trouvera sa vocation de créateur (celui qui réinvente le monde), d'applicateur (s'il connaît les règles et a le sens pratique) ou d'adaptateur (capable d'improviser sa route à condition qu'il soit sur des rails).

XIV

ŒDIPE : L'ENFANT ROI

ŒDIPE

Œdipe est une création mythologique, gigantesque. Pausenias, Eschyle, Homère, Euripide, Pindare, et surtout Sophocle l'ont évoqué, raconté ou mis en scène. Mais aujourd'hui, il suggère surtout l'interprétation que Freud en a donné. « Le complexe d'Œdipe » a été pendant des années la grille d'interprétation de tous les problèmes familiaux. La « vulgate » psychanalytique a transformé l'histoire du premier « enfant Roi » en analyse à dominante sexuelle des comportements humains. « Il veut coucher avec maman et tuer son père », voilà comment finit un mythe plusieurs fois millénaire, après avoir connu des développements nombreux, riches et... autrement ouverts.

Œdipe est un mythe total qui nous explique le devenir de l'homme depuis son existence la plus humble jusqu'à son intégration dans l'univers. Il n'est pas de récit où le nourrisson bute sur un monde régi par les affres de la sexualité et qui réduit les êtres au rôle de victime (ou de bourreau) du désir de Papa-Maman.

« Œdipe Roi » de Sophocle s'ouvre par cette phrase : « La meilleure fortune est de ne pas naître, mais si tu nais tâche de t'éloigner le plus vite et le plus loin possible du point d'où tu es venu ».

Entre le petit nourrisson dans ses langes (Œdipe veut dire en Grec : « qui a les pieds bandés ») et le Roi devenu aveugle marchant vers son destin accompagné par Antigone, son enfant préféré, il y a le récit d'un voyage initiatique. Si l'on met à plat toute la constellation des personnages qui entourent Œdipe, nous y trouvons également un véritable mythe linguistique.

Œdipe raconte, dans un texte élaboré sans doute pendant des siècles, toutes les étapes nécessaires à l'enfant pour devenir un être libre, ouvert. Mais il laisse sur son passage un père assassiné, une mère abandonnée et des enfants qui s'entretuent... Le père d'Œdipe, dans la légende, s'appelle « Laïos ». C'est l'origine de notre mot « laïus » qui signifie « un discours répétitif, long, sans intérêt ». Certains textes antiques nous précisent que Laïos était bègue.

« Pa-pa », « pi-pi », « po-po », « ca-ca » sont, dant toutes les langues, les premiers mots de l'enfant : il bégaye spontanément. Son discours a sûrement le mérite d'émerveiller sa mère, mais il ne brille pas par la richesse sémantique de ses propos. On en conviendra. Voilà pourtant, la véritable langue maternelle et universelle.

La filiation de notre héros remonte jusqu'à un grand-père (le père de Laïos) nommé Labdacos, que certains auteurs ont fait mourir déchiré par les Bacchantes. Son nom signifie « Le nourrisson en train de téter ». Voilà Œdipe dans les bras de sa mère encore « infans » (« privé de la parole »), avant qu'il ne se mette à « bégayer », en bon Laïos qu'il deviendra. L'ensemble de la mythologie grecque nous invite à déployer au maximum la constellation familiale et à détélescoper les personnages pour leur donner toute leur résonance symbolique.

Ainsi, à côté de Jocaste — la mère d'Œdipe — il y a Créon, son frère, l'oncle du héros. Créon en Grec veut dire — et en français nous avons gardé cette étymologie — « celui qui crée, le géniteur ». Il représente le « véritable » père d'Œdipe. Les enfants, jusqu'à un âge beaucoup plus avancé qu'on ne le pense, ne connaissent pas leur père. Associé vaguement à l'univers familial, il reste l'homme près de la mère, un frère, un parent proche et éloigné, un étranger familier.

Un Laïos, un Labdacos, une Jocaste, un Créon ne font pas un mythe. Mais, tels les éléments d'un puzzle, ces personnages-éléments prennent toute leur signification, intégrés au récit illustre de la vie d'Œdipe. Ils nous en donnent la clef.

Tout petit — encore « Labdacos » — l'enfant se sent protégé par un monstre fabuleux qui l'enfouit dans un sein immense et généreux.

Cette première mère, c'est « Le Sphinx », un mot qui se prononce partout au féminin (cf. « la sphinge »). Elle nous protège, mais elle empêche de grandir et devient vite envahissante. L'enfant étouffe et veut se libérer de cette tutelle d'une autre époque.

Dans la légende, le Sphinx est « un monstre féminin pourvu d'ailes comme un oiseau et muni des griffes d'un lion ». Elle dévorait les passants qui ne pouvait résoudre la fameuse énigme : « Quel est l'être qui marche tantôt à deux pattes, tantôt à trois, tantôt à quatre et qui contrairement à la loi générale est le plus faible quand il a le plus de pattes ? » (Pierre Grimal : « Dictionnaire de la mythologie grecque et romaine », PUF). S'il ne répond pas, l'enfant restera « à quatre pattes », « Labdacos » collé aux basques de sa mère, dévoré par son sein géniteur. Mais Œdipe, en résolvant l'énigme, accède à la verticalité et marche debout. Il devient un petit homme et le Sphinx disparaît. Une autre mère prend le relais : Jocaste.

Avant de tisser avec elle des liens plus riches (Jocaste signifie : « la femme étoile », « la toile d'araignée »), une autre épreuve attend l'enfant : ne plus être ce Laïos bafouillant et bredouillant qu'il est devenu en quittant ses langes.

La rencontre avec Laïos marque le tournant de la vie du héros grec. C'est également l'épisode le plus connu. Dans la légende, celui qui passe pour le père d'Œdipe se trouve à un carrefour que l'on situe parfois « à l'endroit où se rencontrent les routes venant de Daulis et de Thèbes pour former la route qui monte à Delphes ». Laïos, au milieu de la chaussée, gêne le passage entre la droite et la gauche. Œdipe voulant continuer son chemin dans la bonne direction tue l'importun qui l'insultait..., en bégayant sans doute ! Si l'on accepte l'interprétation « linguistique » de cette scène, personne ne s'étonnera de la voir liée à un choix entre deux directions, c'est-à-dire à un problème de latéralité.

En épousant Jocaste, Œdipe devient Roi de Thèbes. Créon, dans cette configuration représente le père mis hors circuit et agacé par la complicité amoureuse liant profondément l'enfant à sa mère. De cette union, des enfants vont naître, scrupuleusement répertoriés par les textes antiques. Et, comme les « ancêtres » représentaient les tous premiers pas du héros dans la vie, ses descendants évoquent son devenir et les nouvelles épreuves qui l'attendent.

Etéocle et Polynice sont les deux premiers. Liés dans la vie comme dans la mort, ils forment un couple inséparable et conflictuel. Celui qui unit la défaite et la victoire (c'est la signification de leur nom). Selon la légende, évoquée par Sophocle dans sa pièce « Antigone », il périront en combattant l'un contre l'autre après avoir refusé de soutenir leur père. C'est qu'il est déjà loin. Avec Ismène, la première de ses filles. Symbole de la mémoire, elle donne accès aux mécanismes d'apprentissage et d'intégration du monde. Sa naissance est une découverte capitale.

Quand Œdipe apprend qu'il a tué son père et qu'il couche avec sa mère, il se crève les yeux. Notre « vulgate » interprète ce passage du mythe comme l'aveu d'un sentiment de culpabilité lié au désir sexuel et la soumission de l'homme au « complexe de castration ». Œdipe découvre que la place du père est déjà prise et qu'elle ne peut être la sienne. Il se rend aveugle pour grandir et ne plus regarder derrière lui. Alors, il suit son propre chemin, épaulé par Antigone, la dernière de ses enfants, celle qui lui restera fidèle jusqu'à sa mort. Au-delà même. Sophocle l'a également immortalisée en en faisant une héroïne rebelle aux lois de la cité, préférant mourir pour rester fidèle à un devoir sacré, personnel et non écrit. Elle finira assassinée par Créon, en voulant donner à ses frères une sépulture interdite.

Avec Antigone, Œdipe découvre ce qu'il est profondément, il assume sa vocation. Sa dernière fille symbolise la vie intérieure, son non « Anti-gonos » signifie « anti-viscéralité » ou, plus profondément : « ascèse », le véritable devenir de l'enfant Roi devenu homme. Avec elle, le héros est lâché dans l'univers, dans un monde sans besoin matériel où il découvrira sa vocation, la petite voix d'Antigone qui le guide vers son devenir.

Plus on voit loin dans l'avenir, plus on voit d'où l'on vient. Pour aller vers le devenir à fond, il faut savoir que l'on vient d'un passé profond.

Ce mythe semble cruel. Il laisse derrière son héros des cadavres, des drames, du sang et une mutilation. Mais Sophocle veut nous dire que l'homme assume son devenir en pratiquant — telle une fusée fonçant dans l'espace — toute une série de délestages qui vont le libérer.

Si vous restez l'homme d'hier vous serez mangé par le Sphinx, détruit par Laïos, enseveli par Jocaste, écrasé peut-être par Créon. Vous deviendrez ce vieillard de l'énigme qui boite, faute d'avoir choisi la bonne direction. En ramenant le complexe d'Œdipe à un chapitre du roman familial, nous avons perdu l'essentiel de son message.

Ainsi, le Mythe d'Œdipe n'est pas un renfermement de l'enfant sur son environnement immédiat, il est l'indication d'une voie royale vers la vie.

L'existence, au départ, est peu de chose. Papa, maman... Un passé limité dans le temps et le lieu. Est-ce la seule perspective de l'homme ? Les Grecs anciens nous disent que non. L'enfant en naissant reçoit le monde en héritage. Il fait partie d'une création qui parle en lui, au plus profond de ses cellules. Le destin de l'homme est de s'y projeter dans un devenir continu et sans limite. La famille n'est pas le propriétaire de cet enfant. Ni l'humanité présente. Seul l'avenir coule dans son sang.

La pièce de Sophocle nous aide à sortir du phénomène purement existentiel dans lequel nous éduquons nos enfants. L'époque du « papa », « pipi », n'est qu'une étape dans le développement du petit de l'homme. Elle se limite à peu de choses. Notre essence, c'est d'appartenir au mouvement de la vie. L'enfant en naissant découvre un univers entier qui ne se résume pas à celui de son entourage. Son « passé », il va apprendre à l'intégrer jusqu'au plus profond de ses cellules. Il va découvrir les mécanismes d'apprentissage pour aller de plus en plus loin dans son devenir.

Nous sommes-nous éloignés de notre propos sur l'éducation en évoquant longuement le mythe d'Œdipe ? Eh bien ! je ne le crois pas.

FILS DE PERSONNE, ENFANT DE SON DEVENIR

Dans mon cabinet, je fais souvent bondir les parents en disant qu'avant d'être « à eux », un enfant appartient d'abord au social. Je ne suis pourtant pas un fervent partisan des Kibboutz et je ne mésestime pas l'importance d'un milieu familial bien équilibré. Aimer son enfant, c'est le rendre libre, le préparer à rencontrer son devenir qui passe par l'école et, plus tard, par une vocation et par un métier. Vis-à-vis de lui, les parents n'ont que des devoirs et aucun droit. Mais combien de mères en font « leur » petite chose. « Ma grossesse », « Mon bébé », ces éternels possessifs reviennent toujours à la bouche quand on parle d'un enfant. L'enfance n'a rien à voir avec cet « infantilisme » parental qui bouche l'horizon (et l'écoute !) d'un être jusqu'à en faire un véritable débile affectif. Une naissance est ainsi paradoxalement, pour les mères, une occasion de repli sur soi.

Mais, la réciproque est également vraie. Rien de plus stupide que ces fils de famille qui, sortis de la cuisse de Jupiter, se croient propriétaires de toute la jambe ! Le fils ne descend pas de son père, ni de ses ancêtres — fussent-ils glorieux. Il monte vers son propre devenir. Le véritable héritier n'est pas celui qui occupe une place chaudement préparée. C'est celui qui prend la suite, quelle que soit sa lignée.

Cette affirmation corrobore l'observation stricte de la réalité. Le milieu « socio-culturel » de base ne délivre pas un bonus automatique ou un handicap insurmontable. J'ai eu l'occasion d'étudier le cas d'enfants nés de parents tous deux sourds et muets. Le bain linguistique familial dans lequel ils évoluent n'est pas riche. C'est le moins que l'on puisse dire. Pourtant, à l'école — après quelques flottements — ces enfants rattrapent leur retard sans difficulté et suivent une scolarité tout à fait normale.

Les dyslexiques proviennent de tous les milieux. J'en connais, issus de milieux ultras favorisés, qui battent des records en dysorthographie et échecs en tout genre. Leurs parents sont souvent plus sourds et muets que les précédents. Ils le sont de cœur et d'âme.

La « fortune » (au sens premier de ce terme, personnifiée par la Déesse de l'Antiquité) n'est pas donnée en héritage. Les freinages, les blocages, la sélection non plus.

Propos démesurément optimistes ? Un enfant comme une fleur a besoin d'une dose précise d'eau et de soleil, d'amour et de compréhension. S'il ne la trouve pas dans sa famille, il dispose d'une force peu commune de compensation, qui lui fera chercher ailleurs la chance qu'il n'a pas chez lui.

Elevé dans des conditions sociales ou psychologiques défavorables, il peut être repéché par un entourage bienveillant, une structure pédagogique parallèle, un groupe social compréhensif, qui peuvent lui donner les moyens de se protéger. A condition qu'il y découvre un univers où tout n'est que jeu... jusqu'à l'école.

L'enfant — c'est cela son véritable héritage — manifeste, tout petit, un désir d'ouverture au monde très puissant. Il est une véritable « poussée de vie », curieuse de tout. Mais, il découvre très vite également que, face à un discours ou une situation jugée par lui hostile, il dispose d'un incroyable pouvoir : celui de se fermer à l'autre et de se mettre ainsi à l'abri. A l'origine de ces fermetures, il y a toujours un problème d'écoute, de communication. Un père peu disposé ou aggressif, une remarque désobligeante de sa mère, une réflexion cruelle de son entourage suffisent.

Un enfant reste donc fondamentalement fragile. Comme Œdipe, les épreuves qui l'attendent sont nombreuses et redoutables. Il les provoque d'ailleurs. Il accumule, dès qu'il a quitté le giron de sa mère, les désirs sociaux. Par étape, à son petit niveau, il se construit un monde dans sa tête : celui de son devenir. Il veut être pompier, mais, à la télévision il se rend compte des dangers de ce métier. Il renonce et sera pilote d'avion. Hélas, le médecin scolaire lui apprend qu'il est « astygmate » et qu'il ne peut exercer cette activité. Il connaît alors sa première grande désillusion. Si l'entourage, par manque d'attention, n'a pas compris la profonde détresse de l'enfant à cet instant, celui-ci — ne trouvant pas de réconfort — se ferme.

Il y a d'autres métiers, bien sûr, et la plupart des enfants repart de plus belle dans une nouvelle recherche d'eux-mêmes. Mais, l'enfant, plus fragile, mal entouré par des parents qui ne l'écoutent pas, fera taire définitivement cette petite voix qui timidement indiquait les chemins de sa vocation. Pour lui commence alors une longue et « incompréhensible » série d'échecs scolaires qui le feront rentrer à reculons dans la vie sociale. Les retards s'accumulant et le blocage persistant, il finira, au gré des Conseils d'orientation, dans une voie de garage de l'Enseignement technique. Au mieux, son destin sera de réparer les moteurs de ces avions qu'il rêvait de piloter.

« Il n'y a pas de sots métiers »... il y a une mauvaise interprétation des mots qui présentent la différenciation sociale avec des coefficients de dévalorisation progressive...

Personnellement, j'aurai adoré être mécanicien. Mon métier m'a permis d'ailleurs d'assouvir cette passion, en passant une grande partie de mon temps à monter et à remonter des machines. Cette activité aujourd'hui est proposée comme un des derniers choix d'une scolarité ratée. Tous les métiers ont leur raison d'être car, bien exercés ils correspondent chacun à un désir, un épanouissement et une vocation. Ne voyez pas dans ces propos une résignation sociale, car je suis persuadé qu'un cerveau est capable d'exercer plusieurs métiers à la suite ou en même temps. Tout est fabuleux à un esprit ouvert.

Dans la Bible, il y a une phrase terrible : « Il plaît à Dieu que l'homme travaille ». Voilà de quoi vous dégoûter de tout, de Dieu peut-être, du travail sûrement. Un de mes amis, pratiquant l'hébreu couramment, m'a donné la véritable traduction de ce texte qui dit : « Il plaît à Dieu que l'homme cultive autant la terre que son esprit ». C'est ainsi que les mots perdent leur sens et avec eux toute leur vérité... Entre ces deux interprétations, il y a toute la différence qui fait qu'un enfant se ferme ou s'ouvre à celui qui lui parle.

L'opinion et le système actuel de l'éducation ont transformé l'entrée dans la vie sociale à l'image de ces jeux de la télévision où les concurrents partent avec un gros pactole qui s'amenuise au cours de la partie. A la fin, ce qui reste ressemble plus à un débit qu'à un crédit !

Mon grand-père était cantonnier à Nice. Il a eu 24 enfants et ne comptait que des amis dans sa ville où il avait ouvert une sorte de petite boutique qui lui permettait d'exposer ses trouvailles ramassées dans les poubelles et les ruisseaux. Il chantait tout le temps de sa belle voix de Piémontais et rendait des services aux habitants de la vieille ville en sciant leur bois. Ma grand mère, sa femme, en faisant la soupe à sa marmaille avait créé une des premières soupes populaires de la région. Tous les gosses du quartier venaient manger à leur table. Mon grand-père ne se sentait pas diminué par son métier. Il a été heureux toute sa vie. Non parce qu'il se contentait de peu mais, parce que, à partir de son activité de base, il avait acquis une sorte de rayonnement personnel et social.

C'était, il est vrai, il y a de nombreuses dizaines d'années. Aujourd'hui, ce métier a été rebaptisé et porte un nouveau nom : « boueux ». Qui voudrait vraiment exercer, de nos jours, un métier qui veut dire « sale » ?

XV

POURQUOI NOTRE MÉMOIRE FLANCHE...

LA MÉMOIRE QUI FLANCHE...

La mémoire n'a pas la cote. « Apprendre par cœur » est devenu un exercice fastidieux, et plus aucun professeur ne se risquerait à imposer la liste des départements à ses élèves ou la tirade d'Auguste dans Cinna. Il y a quelques années, des historiens et des journalistes ont poussé un timide cri d'alarme : « Dans les collèges, on ne connait plus la date des grands événements de l'Histoire de France ». Pour des générations formées au rythme de 1515 Marignan, 732 prise de Poitiers, il y avait de quoi prendre peur. Ont-ils été entendus ? Leur démarche eut l'air d'un combat d'arrière-garde, d'une escarmouche dans une bataille qui ne laissera pas non plus de trace dans l'histoire.

La mémoire « encombre la tête des enfants ». Au nom de ce lieu commun, certains enseignants (suivant d'ailleurs des directives très ministérielles) ont fait table rase de toute connaissance dont l'acquisition supposait un effort jugé « mécanique ». Résultat ? La mémoire de l'enfant se résume à celle de son environnement immédiat et — pour peu qu'un psychanalyste traine dans les parages — à celle de son histoire familiale.

Or, la mémoire n'est pas le souvenir. Elle n'est pas, non plus, synonyme d'abrutissement ou la sœur ennemie de l'intelligence. En abrasant la mémoire, le pédagogue ne se prive pas seulement d'une culture, il « lobotomise » un moyen d'accès au cerveau.

Celui-ci fonctionne comme une énorme machine à « dispatcher », accueillant les informations livrées par les « appareils perceptiosensoriels » que sont les yeux, la peau, les oreilles... etc. Il les renvoie ensuite jusqu'à nos plus lointaines cellules qui les fixent dans un geste, une attitude, un mot, un son, une pensée... Ce « mécanisme », cette « machinerie » prodigieuse plonge l'enfant depuis sa naissance dans un univers qui déborde l'environnement sur lequel il vient buter avec le bout de son nez... C'est grâce à lui qu'il apprend à se tenir droit dans son couffin, à se dresser sur ses jambes, à parler, à lire, à écrire... Ce mécanisme, c'est la mémoire.

L'homme est une mémoire intégrée. Dès sa conception, il a reçu dans ses cellules des informations déjà mémorisées qu'engramme tout son petit corps. Il va se les réapproprier, apprendre à les maîtriser et à les développer.

Ainsi, l'enfant reçoit en héritage une mémoire génétique, la trace d'une humanité qui résonne en lui et qui, loin de la replier sur lui-même, l'ouvre au monde qui l'entoure et dans lequel il est plongé. Un monde qu'il est prêt à décoder, où il va apprendre à découvrir les milliards de connexions qui tissent l'univers.

La mémoire n'est donc pas un frein et un obstacle. C'est, au contraire, un formidable instrument d'ouverture et de libération qui nous aide à aller au devant des richesses du monde.

Dans les auto-écoles, le moniteur enseigne des « mécanismes » qui, bien intégrés, deviendront des automatismes. Titulaire du permis, l'élève s'en libèrera pour découvrir les joies de la conduite. Mais si l'enseignement ne met en valeur que la première phase — celle de pure acquisition — l'activité qui en résulte passera pour rébarbative. Dans le jeu d'échecs, il n'y a pas que les règles, il y a surtout le plaisir de jouer. Des premières — quand elles sont acquises — ne dit-on pas qu'on les a « oubliées » ? Traduisons : on les « sait jusqu'au bout des doigts », on les « connaît par cœur ». Ce chemin « organique et cellulaire » qui mène à l'oubli est pavé des mécanismes de la mémoire.

CHRONO EN MAIN

Le centre de régulation de la mémoire, c'est le cerveau, véritable relais entre l'univers et notre corps. Ces mécanismes sont encore un mystère pour nous. On peut les comparer à celles d'un immense computer, composé de quinze milliards de cellules. Mais, ses capacités nous sont encore inconnues.

Pourtant, il y a un rythme, une sorte de tempo facile à détecter. Nous en connaissons les règles. Un étudiant travaille. Par moment il décroche, s'agite, manifeste l'intention de faire autre chose. Il se lève de sa chaise, allume la radio, une cigarette, se rend dans une autre pièce, prend un verre. Ce sont des pauses naturelles. Le cerveau fait un break, dont il profite pour engrammer et distribuer les informations qu'il a reçues. Mais il se ferme à l'extérieur et sa principale activité se met en veilleuse.

Interrogé par un professeur pendant cette période, l'enfant sera capable de répéter mécaniquement un bout de la leçon. En fait, il n'aura pas écouté et si on le questionne plus précisément, il sera bien embarrassé.

Le débat sur « les rythmes scolaires » est à la mode. Mais, ceux du cerveau ? Lui aussi se concentre, se connecte. Mais, par moment, il a besoin de plonger dans une semi-activité. Car, il a un souffle. Il respire et, comme un coureur de fond, a besoin de récupérer. Mais qui songerait à harmoniser les rythmes du cerveau avec ceux de la scolarité ?

Le cerveau d'un enfant « tient » son maximum de rendement pendant dix minutes. Pas plus. Il connaît ensuite deux périodes de moindre intensité. Elles durent chacune dix minutes également. Enfin, pendant vingt minutes, il fait relâche, puis recommence un nouveau cycle de cinquante minutes.

Les facultés de concentration du cerveau augmentent avec l'âge. Un étudiant en pleine possession de ses moyens — et qui s'est familiarisé très tôt avec cette méthode de travail — en améliore les performances. Son « neuro-rythme » se compose également de quatre périodes mais, la phrase hyper-active passe à vingt minutes (trente dans certains cas) et le repos peut être réduit à dix.

LE GUEULOIR

Au cours de la première période, l'étudiant s'immerge dans le texte. Il lit en silence et s'imprègne de toutes les informations qu'il contient. Les deux phases de dix minutes qui suivent sont consacrées à la relecture. D'abord en conservant le silence, puis à haute voix. Ce dernier exercice fait sourire ceux qui n'en connaissent pas la portée. Je l'utilise dans le traitement des dyslexiques et d'autres troubles de la communication. Grâce à lui, le cerveau est bombardé de stimuli sonores qui lui redonnent de l'énergie.

Flaubert dans son « gueuloir », Victor Hugo, Valéry sont les « Saints » que j'invoque quand on m'interroge — avec scepticisme — sur son efficacité. Le grand musicien Francescati donnait des leçons de violon à Einstein. Il m'a raconté que le savant avait l'habitude d'en jouer (mal, paraît-il) entre deux études sur la théorie de la relativité. Il disait que cet exercice lui rechargeait le cerveau. Les sons ont, en effet, ce pouvoir.

En fait, les acteurs, les chanteurs lyriques — tous ceux pour qui communiquer est une vocation — sont familiers de cette pratique qui leur permet de stocker efficacement (presque définitivement) une information en assurant la dynamique de la mémoire. Peu à peu, l'étudiant qui suivrait mes conseils, découvrirait qu'à l'instar de ces modèles, « apprendre à voix haute » (et forte !) implique une position du corps précise, un training de la respiration...

La voix controlée devient timbrée, riche et stimulante. La colonne vertébrale se redresse et participe à cette impression de recharge nerveuse.

Ainsi, la mise en éveil des mécanismes d'apprentissage s'enrichit de perceptions sensorielles que connaissent bien les comédiens et les hommes du spectacle.

Enfin, dans la dernière phase, le cerveau passe en roue libre. Laissons-le donc en paix !

La lecture à haute voix ne permet pas seulement d'apprendre « par cœur ». Elle est également une puissante source de création. Pour l'écriture et la rédaction, elle donne aisance dans la cadence et le déroulement de la phrase. Elle est, partout, un gain de créativité. Cette méthode d'intégration des connaissances peut ainsi se révéler payante dans une phase de la création intellectuelle. Il suffit de verbaliser ce qu'on écrit.

Cette cadence d'une heure (vingt minutes + dix + dix + vingt) n'a pas de limites. Bien maîtrisée, elle peut être renouvelée sans fatigue jusqu'à quinze heures par jour. Mais les « plaisirs » varient en fonction des circonstances. La mémoire n'est pas un simple phénomène d'intégration, elle se projette, comme nous le prouve l'exercice dit de « paper board » effectué en alternance avec celui de « lecture à voix haute » et que je conseille plus particulièrement pour les révisions.

Placé devant un tableau, l'étudiant verbalise et met en scène ses connaissances, comme s'il donnait un cours. Aidé par son imagination, il s'efforce de les communiquer à un auditoire. Quel est l'intérêt de cet exercice ?

Apprendre (ap-prendre), c'est conserver pour soi l'information et, d'une certaine manière, la scléroser en la retenant prisonnière. Le « paper board » permet à la mémoire de revenir à la surface dans un désir de communiquer. En projetant l'information à l'extérieur, elle lui redonne fraîcheur et virginité. Elle retrouve la première perception, doublée du plaisir de la partager.

LES CELLULES BRONZENT IDIOT

Aujourd'hui, les élèves « avalent » deux heures « non stop » de mathématiques, enchaînent sur un cours d'histoire après une courte récréation de dix minutes et se voient reprocher de ne pas avoir retenu le cours en son intégralité ! Le professeur est-il vraiment conscient lui-même de ce qu'il raconte ? A certain moment, c'est un simple magnétophone qui tourne... devant une classe vide.

Les bacheliers qui ont pris du retard font la cruelle expérience de la « mémoire à trous ». « Avaler » un polycopié de cent pages en une demi-journée est impossible... sauf à assumer des impasses involontaires et correspondant aux moments de fermeture naturelle du cerveau. C'est ainsi que le cerveau se rebelle et pendant ses « heures de fermeture » vous ne lui ferez rien avaler.

Les élèves — dont la matière grise est traitée comme le foie d'un canard dans le Périgord — sont brutalement abandonnés pendant trois mois à l'occasion des grandes vacances. Cherchez l'erreur. L'enfant a besoin de repos, son cerveau demande qu'on respecte ses rythmes. Et, après six semaines de débrayage complet, où il sera resté inactif, un trimestre ne sera pas de trop pour le remettre en route et lui permettre de retrouver ses performances du mois de juin. Que de temps perdu ! Quinze milliards de cellules pour les faire griller au soleil, c'est stupide, non ?

Des vacances pour les enfants, oui. Pour le cerveau, non. Cette machine sophistiquée a besoin d'une énergie considérable pour être relancée.

La France est à l'arrière-garde dans le combat pour les rythmes scolaires. Dans certaines écoles pratiquant des pédagogies « avancées », le personnel éducatif à instauré un régime de sieste systématique au-delà des classes maternelles. On avait remarqué — à juste titre — que les enfants avaient un coup de barre en cours de l'après-midi. Dans les pays anglo-saxons, on va plus loin : il n'y a pas de classe après le déjeuner de midi, les élèves étant mis à la disposition des professeurs d'éducation physique.

D'ailleurs, là-bas, certains cours d'université se composent de trente minutes très intenses, suivies de dix minutes de questions ou de précisions. Ils ne durent jamais plus de cinquante minutes.

Dans une classe, ces principes pourraient être respectés sans trop désorganiser les horaires actuels. Il suffirait d'alterner les moments d'intense, puis de moindre concentration, avec les temps de repos.

Ainsi — puisque les cours durent une heure — l'enfant travaillerait à fond pendant vingt minutes. Les dix suivantes seraient consacrées à la révision, puis le professeur passerait à la lecture à haute voix. Enfin, le temps de repos serait consacré à une toute autre activité. Pourquoi ne pas suivre la trace (sinon l'exemple) d'Einstein, en jouant de la musique ?

XVI

LE TEST D'ÉCOUTE

COMMENT EST NÉ LE TEST

Comme tous les médecins spécialisés dans les troubles de l'appareil auditif ORL — on les appelle de oto-rhino-laryngologistes —, j'ai passé mes premières années d'activité à analyser des centaines de tests d'audition, à mesurer les courbes des graves, celles des aigus... etc., etc. A la simple vue des audiogrammes de mes patients, ceux-ci me revenaient en mémoire avec leurs cortèges de maux divers. J'étais capable entre autres d'établir un lien entre ce simple croquis et la nature de leur voix.

J'ai compris qu'un test de cette nature dépassait une simple mesure d'audition et donnait sur tout le sujet des indications d'ordre plus général dont nous ne commençons qu'à mesurer les effets. Comme des enfants ont une bonne vue, mais sont incapables de lire, d'autres disposent apparemment d'une bonne audition, mais ont une élocution mal assurée ou imprécise. Ce contact m'a conduit à m'interroger sur les liens existant entre la phonation et l'audition. Entre ces deux dimensions, des distorsions existent, et je me suis acharné à les comprendre.

LES DEUX PORTES

L'oreille décide d'utiliser ses possibilités de deux manières. Dans la simple audition, les sons chatouillent le tympan, mais l'enfant peut leur être indiférrent et laisser fermée une deuxième porte d'accès qui dépend de l'oreille interne et ne s'ouvre qu'avec le désir d'écouter, vecteur de la communication. Dans cette acception, un tel désir se distingue de son interprétation courante dans laquelle on ne voit souvent qu'un désir vaguement cantonné à de simples paramètres sexuels.

Mais le plus grand plaisir n'est-il pas celui de communiquer ? Un pénis, finalement, ne va pas très loin, alors qu'un mot pénètre jusqu'au fond de l'âme.

Le « phallus » dont on nous rebat les oreilles signifie étymologiquement « la parole qui grimpe ». La verticalité, l'image phallique de l'homme, c'est cela.

Dans l'écoute (que nous distinguons donc de la simple audition), l'enfant mobilise tout son être au profit du discours de l'autre. Les courbes auditives classiques analysent les réactions aux fréquences et aux intensités, mais elles ne nous disent rien de ce mouvement profond. Elles peuvent déceler une lésion organique, mais restent muettes sur la fonction elle-même. L'enfant accepte-t-il le dialogue ? Est-il en mesure de parler ou d'intégrer correctement le langage ? S'entend-il bien quand il parle ? Voilà les questions auxquelles nous nous efforçons de répondre.

Pour déceler les troubles fonctionnels, nous affinons les analyses, à la recherche de la moindre érasure que nous cherchons toujours à relier au psychisme. L'oreille n'est pas un organe de plus. Elle ouvre sa réalité physiologique à une dimension psychologique, puisqu'elle est la porte d'entrée du langage. Pendant de longues années, et sous les effets de la linguistique structurale, les spécialistes ont fait l'impasse sur les liens du psychisme et de la langue. Or, la langue est de bout en bout griffée par l'homme et inondée de significations. L'audiologie, la phonologie et la sémantqiue forment une boucle.

Au cœur du circuit, un organe intègre les sons, permet de les reproduire et de les contrôler : l'oreille, véritable clef du système.

Le son, identifié par l'oreille, intégrée par le système nerveux est emmagasiné dans le corps, telle une graine plantée dans la terre. Il y trouve une sorte de résonance. Celle-ci fonctionne comme une véritable mémoire qui permet, quand elle est à nouveau sollicitée, de reconnaître un mot, un bruit... etc.

Chaque fréquence liée à un organe, une vertèbre, un membre... nous donne une indication sur l'état physique et psychique de l'enfant. Une distorsion de l'écoute a ses répercussions neurologiques et un test d'écoute bien affiné peut nous indiquer non seulement la capacité d'un enfant à intégrer le langage, mais également l'état de son estomac !

La technique qui évolue nous permet aujourd'hui d'aller plus loin en sortant la photographie de la voix. L'analyse du spectre des fréquences reproduites indique les capacités de l'écoute et donne de précieuses informations sur la manière qu'a un enfant de contrôler son discours.

Le test d'écoute se compose de quatre épreuves. Dans la première, nous « balayons » la courbe tonale de l'enfant en déterminant ses capacités d'écoute au niveau d'un seuil déterminé d'intensité établi selon l'échelle habituelle des sons allant de 125 à 8.000 hz. Le tracé de cette courbe (pour l'écoute aérienne et osseuse) suit, dans le meilleur des cas, une pente ascendante jusqu'à 2.000 ou 3.000 hz, puis chute progressivement. Son tracé en dents de scie traduit des ruptures dans l'écoute.

La deuxième épreuve concerne la sélectivité des sons dans la région d'intensité dynamique du langage (40 à 50 db). Cette expérience est particulièrement importante car elle permet de savoir comment un enfant adapte ses possibilités auditives au monde sonore environnant et « signe » son désir d'écoute. La courbe doit couvrir parfaitement l'ensemble du spectre sonore attribué à l'oreille (entre 125 et 8.000 hz) et être particulièrement ouverte à la réception des aigus. C'est là que nous décelons les troubles les plus profonds en découvrant que certaines bandes passantes représentent de véritables « no man's land » supprimant toute analyse du son sur certaines zones.

L'épreuve suivante consiste à déterminer le pouvoir de localisation de l'oreille dans le temps et dans l'espace. Enfin, nous établissons le pouvoir de latéralisation auditive de l'enfant lors de l'écoute du bruit, du langage et de son propre discours (recherche de l'oreille dominante).

L'ENFANT SOUS OREILLE

Une fois le test d'écoute établi, nous envoyons alors à l'enfant (grâce à un appareil nommé « oreille électronique »), des sons qui, comme des haltères, vont faire travailler les muscles de l'oreille moyenne pour dégager le désir d'écouter.

L'enfant est plongé dans les conditions idéales de l'écoute, celles que tout homme et toute femme a connu pendant quelques mois de sa vie : in utéro. Le fœtus dès le quatrième mois a ouvert en profondeur son oreille dans le ventre de sa mère. Il y a connu des conditions d'écoute idéale dont nous gardons la profonde nostalgie toute notre vie. Les bandes magnétiques écoutées sous Oreille Electronique sont composées d'enregistrement de la voix maternelle. Nous les avons filtrées de manière à ce qu'elles ne laissent passer que les fréquences effectivement entendues à ce premier stade de la vie, essentiellement les aigus. Quand la mère est absente, nous remplaçons sa voix par de la musique classique (notamment Mozart), traitée dans les mêmes conditions. En retrouvant cette écoute idéale, l'enfant — au bout de quelques séances — manifeste un profond désir de communiquer. Le traitement consiste à lui faire retrouver des bases solides lui permettant de rattraper son âge réel. Progressivement, les filtres disparaissent et l'enfant un jour se retrouve dans des conditions normales d'écoute. C'est un moment très important du traitement, aux effets souvent aussi surprenants que ceux de l'accouchement. L'enfant découvre l'audition et l'écoute « normale », poussé par une joie de vivre et un désir décuplé de communiquer qui, si tout va bien, réduit à néant ses anciennes distorsions et ses anciens blocages.

Peu à peu, il prend possession de l'oreille correspondant à son âge, mais ses mécanismes d'apprentissage repartent à zéro. Comme un orchestre qui s'adjoint un autre instrument, il rajoute à son univers une dimension fondamentale, mais doit tout réinterpréter en fonction de sa nouvelle « formation ».

Les dyslexiques sont alors invités à lire à haute voix, toujours sous Oreille Electronique, le plus fort possible, le corps bien vertical et la main droite placée devant la bouche. Au départ, c'est dur ! comme pour les jeunes pianistes peinant sur les premières notes d'une pièce de Chopin. Nous les laissons anonner tout ce qu'ils savent, même s'ils ne comprennent pas ce qu'ils lisent. Leur oreille se réveille, réentend correctement les sons et se les approprie. Progressivement, les mots s'associent en tandem, puis en groupes plus vastes, la lecture prend son rythme, et permet à l'enfant d'accéder à la signification du texte.

La voix s'ouvre au tempo de la lecture. Elle se met en harmonie avec des trains d'ondes sémantiques qui favorisent l'éveil du cerveau. Cette lecture à haute (très haute !) voix, nous la conseillons également pour aider l'enfant à maîtriser son orthographe. Le texte « écrit » de cette manière est beaucoup plus communiquant, les arguments, les idées coulent mieux et les fautes d'orthographes s'atténuent.

Flaubert, Maupassant, Goethe, Victor Hugo, nous l'avons dit,... connaissaient les vertus de ce « gueuloir ». Le grand écrivain Valéry indiquait, en marge d'un manuscrit où manquait un mot : « J'ai oublié de le *dire* ! »

Le traitement dure quatre à six mois environ. Nous proposons deux ou trois séries de séances d'une durée chacune de quinze jours où l'enfant est placé quotidiennement (pendant deux heures) sous oreille électronique. Quatre-vingt dix séances (cent vingt au maximum) suffisent et les résultats sont d'autant plus spectaculaires que l'enfant se soumet intensivement à ce training. Cette éducation de l'oreille pose, nous le savons, de nombreux problèmes aux parents, obligés d'accompagner leurs enfants à nos centres, souvent éloignés de l'école. Aux Etats-Unis et au Canada, des expériences en cours prouvent que la meilleure solution est d'intégrer les appareils au système scolaire. Les enfants gagnent du temps et ce traitement retrouve sa véritable vocation d'éveil pédagogique.

UNE EXPÉRIENCE NORD-AMÉRICAINE

En 1978, notre congrès international se tenait à Toronto, au Canada. Les représentants d'un important laboratoire médical nord-américain (MDS) nous avaient proposé de mettre en place nos techniques d'aide aux enfants en difficulté d'apprentissage, sur une grande échelle, de manière à réaliser des statistiques extrêmement précises. L'important budget dont il disposait leur en donnait effectivement les moyens.

Après avoir visité nos établissements européens, la société MDS a ouvert un premier centre à Toronto, capable de traiter 850 enfants sous oreille électronique et suivant le training classique que nous avons évoqué précédemment. Les enfants ont été soumis à des dizaines de tests avant, pendant et après l'expérience, pour mesurer les progrès réalisés ou non. C'était la première fois qu'une telle étude était entreprise. Le questionnaire auquel les enseignants et les parents furent également soumis avait l'ambition de mesurer les progrès réalisés dans tous les domaines de la communication et du comportement. Il portait sur la « qualité de la structure de la phrase », « la lecture », « la richesse du vocabulaire », « l'intérêt pour l'écriture », « la mémoire », « la concentration »... autant de paramètres que les enquêteurs MDS estimaient pouvoir mesurer.

A la question générale portant sur les progrès réalisés par l'enfant, il y eu 97 % de réponses positives. Ils se seraient contentés de 35 %. Dans le détail, les résultats sont encore plus spectaculaires. La concentration, la maturité, la mémoire, la qualité du vocabulaire ou de la structure de la phrase, la lecture et la communication en général (autant de domaines spécifiques d'amélioration scrupuleusement répertoriés) ont progressé de plus de 75 %, avec des pointes dépassant parfois les 90 % (pour la concentration notamment).

Les Américains adorent les statistiques et ne se contentent jamais d'une seule expérience. L'équipe de MDS, l'année suivante, a déclenché trois autres recherches. La première a été mise en place par le célèbre pédiatre Barbara Wilson, chef du service de neuropsychologie au North Shore University Hospital de New York. La seconde a été conduite par le Docteur Byron Rourke, chef du département de neuropsychologie de l'hôptial de Windsor (Canada) et une troisième, par le Docteur Tim Gilmor du Centre de Toronto. Cette fois-ci la « méthode Tomatis » était mise en compétition avec ce que les Etats-Unis et le Canada avaient de mieux en matière d'aides aux enfants en difficulté.

Là encore, les résultats furent largement positifs et, dans tous les cas, meilleurs que ceux obtenus par la « concurrence », avec en plus, un immense avantage : l'oreille électronique rend caduque les multiples entretiens avec les psychologues et permet de traiter des dizaines de dyslexiques à la fois. Elle est donc beaucoup plus « rentable ».

Parallèlement à ces expériences, le centre de Toronto développe depuis quelques années des programmes spéciaux, les « Listening Training Program », pour des enfants présentant des difficultés d'apprentissage. Depuis 1982, des écoles en Ontario, au Québec, au Manitoba et au Saskatchewan appliquent ce programme avec des résultats qui semblent satisfaisants, puisque les Conseils scolaires votent chaque année le renouvellement de l'expérience.

TABLE

Maquette de couverture : Ranko Tolic

Atelier : Hubert Vilfroy

Dessins : Gédébé

Cet ouvrage a été réalisé sur
Système Cameron
par la SOCIÉTÉ NOUVELLE FIRMIN-DIDOT
Mesnil-sur-l'Estrée
pour le compte des Éditions Ergopress
le 30 janvier 1989

Imprimé en France
Dépôt légal : décembre 1988
N° d'édition : 022/89 – N° d'impression : 11378
ISBN 2-86957-012-0